我的第一本中国通史

先秦史

主编◎李　默

学术顾问◎李学勤 罗哲文 俞伟超 曾宪通 彭卿云

经典读物《中华文明大博览》青少年普及版

历史大家李学勤作序推荐

给孩子看的易读易懂好看有趣的通史精品

廣東旅游出版社
GUANGDONG TRAVEL & TOURISM PRESS
悦读书·悦旅行·悦享人生
中国·广州

图书在版编目（CIP）数据

我的第一本中国通史·先秦史 / 李默主编. — 广州：广东旅游出版社，2014.1（2022.7 重印）

ISBN 978-7-80766-755-1

Ⅰ.①我… Ⅱ.①李… Ⅲ.①中国历史—先秦时代—青年读物 ②中国历史—先秦时代—少年读物 Ⅳ.①K209

中国版本图书馆CIP数据核字（2013）第293979号

出 版 人：刘志松
策划编辑：蔡 璇
责任编辑：贾小娇
封面设计：小龙工作室
内文设计：邓传志 冼志良
责任技编：冼志良
责任校对：李瑞苑

我的第一本中国通史·先秦史
WODE DIYIBEN ZHONGGUO TONGSHI·XIANQINSHI

广东旅游出版社出版发行
（地址：广州市荔湾区沙面北街71号首层、二层 邮编：510130）
广州市樱华印务有限公司印刷
（地址：广州市番禺区钟村街诜敦村大围开发区）
开本：787毫米*1092毫米 1/16
印张：12
字数：195千字
版次：2014年1月第1版
印次：2022年7月第1版第3次印刷
定价：29.80元

序

世间公认，中华文明是人类历史上缔造的最光辉绚丽的文明之一。我们有责任将这一伟大文明的优秀传统普及于国人，进一步介绍于世界。达到这个目的的一种重要方法，就是编著图文并茂的中华文明史。

我国古代的学者，早就提出过“左图右史”的理想，希望用直观的图像来补充文字描述的不足。只是由于当时材料、技术条件的限制，这种愿望无法充分实现。近代各类文物发现众多，尤其是考古学在中国发展之后，编写文字与图像并重的历史书籍的条件便齐备了。

早期有些学者的想法，是给历史研究配置一套参照的图像。这个思想的滥觞，或许可以追溯到明代《三才图会》之类的书籍。日本学者编印的《东洋文化史大系》等等，思路是相近的。在国内，专以文物为主，开此类图谱先河的，是郑振铎先生的《中国历史参考图谱》，曾经广泛流行。不过郑先生的书纯系图集，尚未能收图文互补的效果。同为郑先生编的《插图本中国文学史》，图文兼备，更为读者欢迎，但只限于文学史方面。

近年，很多人想到要编著大规模的“插图本中国通史”，并做了若干尝试。广东旅游出版社推出这部《我的第一本中国通史》，应该说是成功的。这部书重点在于论述中华文明，贯穿以整个历史的纵线，其文字、图片的版面彼此相当，内容同样丰富，真正做到了图文并茂。

图文并重的中国文明史，就方向而言，有利于历史学和考古学的进一步结合。考古学本身是具有独立的理论和方法的学科，然而中国考古学从一开始便以同历史学的密切结合为特点。大家知道，王国维先生20世纪20年代在清华国学研究院讲义《古史新证》中提出的“二重证据法”，在方法论上为考古学的建立发展开拓了道路。“二重证据法”指文献同文物的互相印证，即蕴含着历史、考古的结合。亲手在中国开展考古学工作的考古学家，都以探索和重建古史为职志。最早得到大规模系统发掘的遗址殷墟，其被选定正是出于这样的要求。长期领导中国科学院（后属中国社会科学院）考古研究所的夏鼐先生，1984年在《什么是考古学》文中说，考古学和利用文献记载进行研究的狭义历史学不同，研究的对象只是物质的遗存，但两者同以恢复人类历史的本来面目为目标，如车之两轮，鸟之两翼。对于了解中国有着悠久的文明和丰富的文献传统的人们来说，中国考古学的这种特点乃是自然的。

尽管历史与考古有如此密切的关系，把两者很好地结合起来仍不是容易的事。认识历史文献和考古成果，分别需要特殊的学习与训练。特别是考古学的研究收获，并非轻易就能融会到历史研究中去。在历史知识的普及上，怎样结合考古文物也很不简单。《我的第一本中国通史》在这两方面做了很大努力，使全书成了真正的“纸上博物馆”，成绩是值得肯定的。

说考古学的对象是物质遗存，不等于讲这种遗存仅为物质文化。可能有读者知道，拙见以为每种人类的物质遗存都在不同程度和层面上反映当时的精神文化。大至古城址、陵墓群，小到一件兵器、一个配饰，无非中华文明的产物，寄寓着先民的意念与精神。所以，我们探索中华文明萌生形成、发扬光大的历程，不可缺少考古文物。这正是“纸上博物馆”胜于其他类型的史籍之处。

然而，作为文物考古研究对象的物质遗存，以及由这种遗存所能导出的内涵，究竟是有限的。过去的世界，不可能完整地以遗存的形式保留下来，我们不应当希望考古学能够将《史记》、《汉书》包含的种种全面揭示在人们眼前。因此，在为历史配图时，总是有太多的遗憾，甚至于不很需要的地方，文物数量繁多过剩，而十分需要的场合，有关文物却很少，甚至一件也没有。这就要求书的编者广为搜集，又精加选择。《我的第一本中国通史》在这一方面也是做得好的。

这便是我在此要写几句话，向读者推荐的理由。

李学勤

目录

史前

夏朝

商朝

目录

西周

春秋

目录

战国

目录

史前

大事纪

●约170万年前
元谋人生活于云南元谋一带。

●约80万年前
蓝田人生活于陕西蓝田一带。

●约20～70万年前
北京人生活于北京周口店一带。

●约10万年前
智人时代。

●约18000年前
山顶洞人开始氏族公社的生活。

●6000多年前
以仰韶文化为代表的母系氏族公社进入全盛阶段。

●5000多年前
以龙山文化为代表的父系氏族公社高度发展。

●约4000多年前
传说中的黄帝、尧、舜、禹时期。

●约前2100年
禹会诸侯于涂山，以铜为兵，铸九鼎，划九州，作禹刑。

盘古开天辟地

传说远古时代，天地曾一片混沌，一位叫盘古的巨人在混沌中沉睡了约一万八千年后，醒来发现周围一片黑暗，伸手不见五指，不由大为恼怒，于是张开巨掌向眼前的黑暗劈去。随着一声巨响，千万年的混沌黑暗被轰然劈开，其中轻灵的成分慢慢上升并渐渐散开，变成了他头顶上的天空；而那些厚重混浊的成分则慢慢下降，变成了他脚下的土地。

盘古立足天地之间喜不自胜，但又担心天地会再度合拢恢复原貌，便以手撑天，双脚踏地，让自己的身体每天长高一丈，天地也随着他的身体每天增高一丈。这样又过了十万八千年，天越来越高，地越来越厚，盘古的身体长至90000里长。

◎盘古画像砖

盘古凭借天生神力开辟出了天地，但自己却不幸累死。盘古临死前，口中呼出的气变成了天上漂浮的云；声音变成了电闪雷鸣；左眼变成了太阳，右眼变成了月亮；头发和胡须变成了夜空的星辰；四肢变成了东、西、南、北四极；身体变成了雄奇险峻的山岳；血液变成了江河湖海；筋脉变成了道路；肌肉变成了田地；牙齿、骨骼和骨髓变成了地下矿藏；皮肤和汗毛变成了大地上的草木；汗水变成了雨露；灵魂则变成了人类。

因此，盘古被称为天地的始祖。

猿人时代

中国是人类文明的发祥地之一。中国文明的发展源头具有多源性，据考古研究成果表明，中国境内的古人类分布广泛。西侯度遗址是中国迄今所知年代最早的旧石器时代遗址，云南元谋人化石是中国迄今发现的最早的人类化石，观音洞文化和北京人文化是中国南方和北方旧石器时代早期有代表性的重要文化。

人类的始祖拉玛猿生存于距今800万年前，我国云南开远、小龙潭、禄丰等地已发现拉玛古猿化石。而湖北建始、巴东发现的距今约300万年前的南方古猿化石，则是人类从猿到人的转变过程中的最后代表。

中国境内发现的最早的人类化石是元谋人，因1965年在云南元谋县上

中国古人类遗址分布图
安图人
沈阳
建平人
金牛山人
许家窑人
呼和浩特
北京
北京人
天津
山洞顶人
河
水
银川
河套人
太原
西宁
大荔人
陈家窝人
西安
蓝田人
郧西人
郧县人
下草弯人
淮
水
和县人
合肥
上海
巢县人
江
水
长阳人
资阳人
南昌
长沙
桐梓人
福州
台北
丽江人
水城人
元谋人
呈贡人
马坝人
台南
左镇人
都安人
柳安人
广州
南宁
图　例
猿人类
古人类
新人类

◎中国古人类遗址分布图

那蚌村附近发现而得名，据碳十四测定生活年代距今约50～60万年。元谋人化石包括两枚上内侧门齿，属同一成年人个体。这两门牙齿很粗壮，唇面平坦，具有明显的原始性质。另外还发现两块黑色的骨头，经鉴定发现被火烧过，这表明当时人类已用火。

中国境内发现的最早的直立人是蓝田人，距今约75～80万年。1963至1966年在陕西蓝田公王岭中更新世早期地层中，先后发现一批珍贵的古人类化石、打制石器和动物化石，被命名为蓝田人和蓝田文化。蓝田人眉骨粗壮，前额低平，骨壁厚度超过北京人，大脑容量较小，约780立方厘米。打制石器粗大，器形不规整，具有一定的原始性，但在使用上已有某种程度的分工。

中国境内的人类遗址中材料最丰富也最系统的是北京人遗址，位于北京周口店龙骨山的洞穴中，距今约40～50万年。北京人遗址的堆积物厚40米以上，主要由石灰岩碎块和黏土、粉砂等残积物构成，堆积物中残留了北京人用火的灰烬，较大的灰烬层有4个，另外还出土了10万多件石器，表明这里已有早期人类活动。

北京人头盖骨的发现，特别是随后发现的石器和用火痕迹，使直立人的存在得到肯定，从而基本上明确了人类进化的序列，为人类从猿演变到人的伟大学说提供了有力证据。

◎北京猿人复原胸像，及1936年周口店北京猿人遗址发掘情景

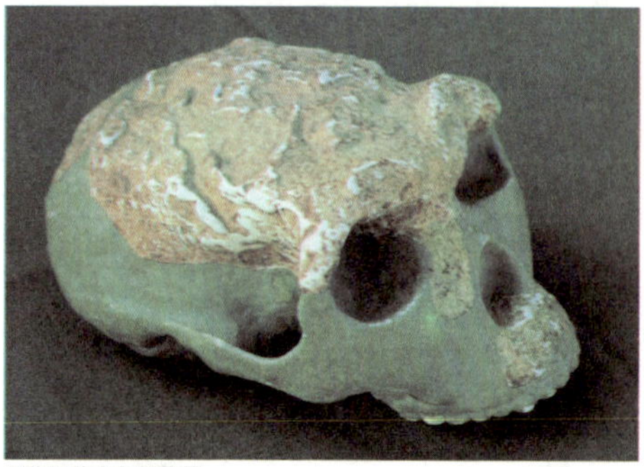

◎蓝田猿人复原头骨

◎山西芮城西侯度遗址

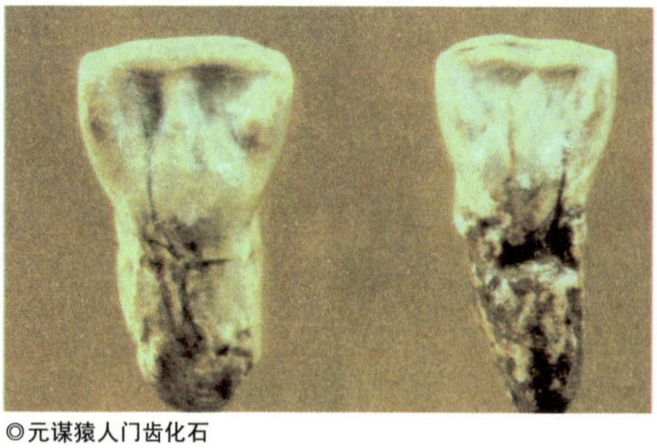

◎元谋猿人门齿化石

智人时代

中更新世末期，我国经历了一次庐山冰期，其后气候变暖，人类体质和文化发展都进入一个新阶段。人类体质普遍由猿人或直立人发展为早期智人，而人类文化则发展为旧石器时代中期文化。这个时期的延续时间距今大约10万～5万年。

◎金牛山人头骨化石

在我国发现的早期智人化石中，金牛山人、大荔人和许家窑人为由猿人向早期智人的一种过渡形态，典型的早期智人有马坝人、长阳人等。在北京周口店新洞、山西襄汾丁村、辽宁喀左鸽子洞等地发现的人类化石也属典型的早期智人。华南旧石器中期文化遗存至今发现甚少，仅贵州桐梓岩灰洞有十二件石制品，似与观音洞石器有些联系，而从体质特征看，早期智人比直立人脑盖较薄，脑容量较大，动脉枝较复杂，说明其智力已有明显发展。我国早期智人一般颧骨较为前突，眉嵴较平而非呈前突弧形，其头面已显示出蒙古人种的某些特色，但作为人种在这个时期还没有最后完成。

◎许家窑人遗址

旧石器时代中期文化较早期文化的进步主要表现在打制石器的技术不断提高，石器的形状比较规整，类型比较确定，种类也有所增加，表明当时的技术和生产力水平较旧石器早期有所提高。

◎北京猿人山洞出土的文物

中石器时代

约前10000年～前5500年，人类进入了地质上的全新时期，地球上最后一次冰期结束。随着气候逐渐变暖，自然环境发生了变化。在新环境下，原始人群的生产活动也随之改变，导致了旧石器时代的结束和新石器时代的开始。这个过渡阶段被称为中石器时代。

中国中石器时代，人类依然过着采集渔猎的经济生活，原始农业初步出现，使用生产工具向细小化发展。在制造方法上，大量采用间接打击法及刮削法，比起旧石器时代前期，是一种技术上的重大进步。生产工具以细石器为主，也反映了当时人们对劳动工具的新的需求。

旧石器时代已经崭露头角的复合工具，在中石器时代得到了长足的发展，那种极薄的小石叶，被镶嵌在木或骨质的柄上组成复合工具，具有美观、轻便、灵活等特点。同时，石镞的发现，表明这时已开始使用弓箭，弓箭的使用提高了人们捕获野兽的能力，使人们有可能将暂时不食用或弱小的猎物豢养起来，并逐渐驯养为家畜，为家畜饲养业或畜牧业的发展打下了基础。

◎山顶洞人复原胸像

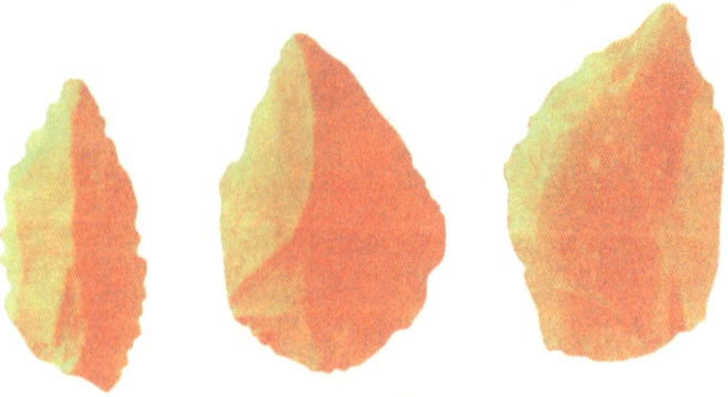

◎宁夏灵武水洞沟出土的尖状石器

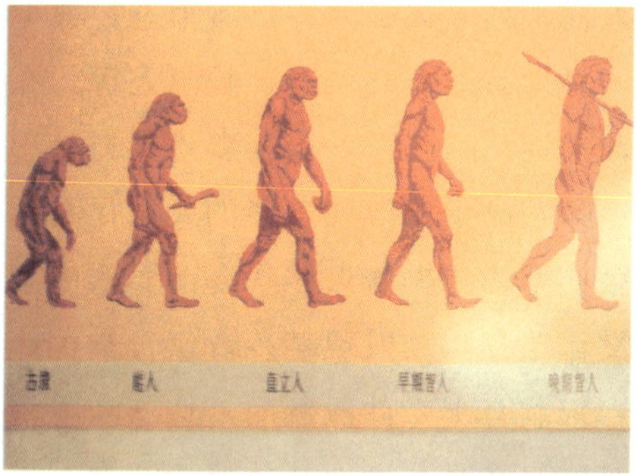

◎人类演变示意图

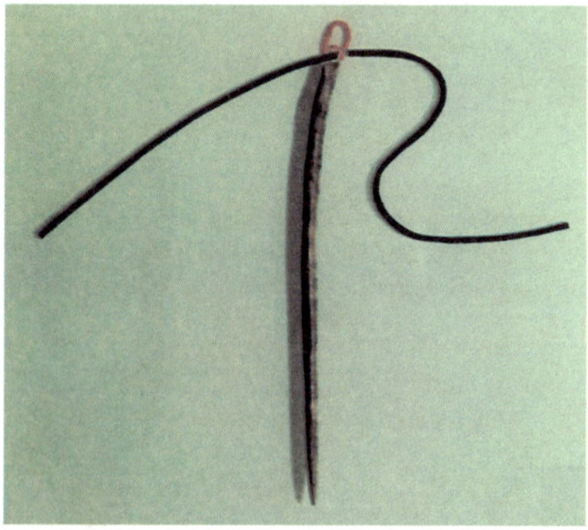

◎山顶洞人磨制的骨针

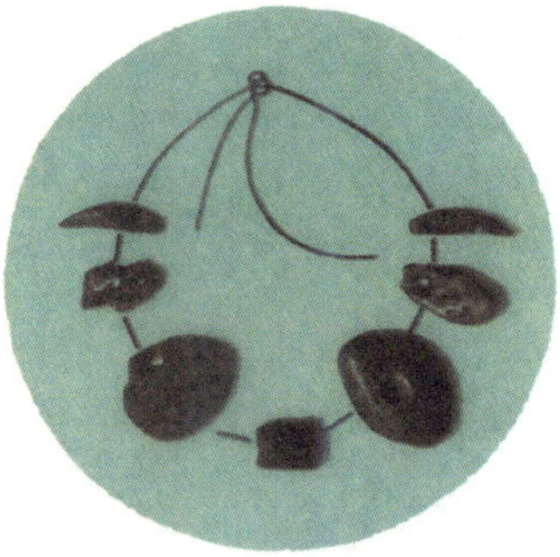

◎山顶洞人装饰品

◎干栏式建筑。最早考古发现出现于河姆渡文化。图为我国西南少数民族地区依然保留下来的“干栏式建筑”式样。

中国稻作起源——河姆渡文化兴起

河姆渡文化是中国长江流域下游地区古老而灿烂的新石器文化，因首先发现于浙江余姚河姆渡而命名，主要分布于杭州湾南岸的宁绍平原及舟山岛，放射性碳素断代测定其年代为前5000～前3300年。河姆渡文化遗址共分四层：第3、第4层和第1、第2层分别代表其发展的早、晚期。早期：约前5000～前4000年，陶器以夹炭黑陶为主，器形有敛口或敞口肩脊釜、直口筒式釜，颈部双耳大口罐、宽沿浅盘等等。晚期：约前4000～前3300年，夹砂红陶和红灰陶占绝对优势，器形有鼎、落地式把两足异形鬶、垂囊式盉等。

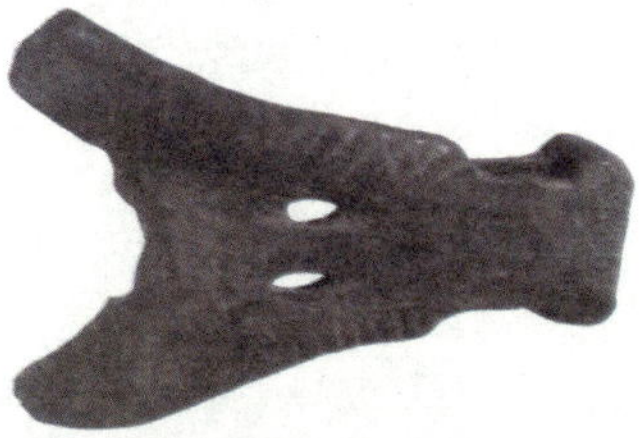

◎骨耜农具。河姆渡文化早期，骨器数量远远超过石、木、陶器数量的总和，这在中国新石器时代文化中是独有的现象。

◎河姆渡文化时期陶炉灶。炉灶的使用不仅是人类文明的进步，且在养生上也有重要意义。

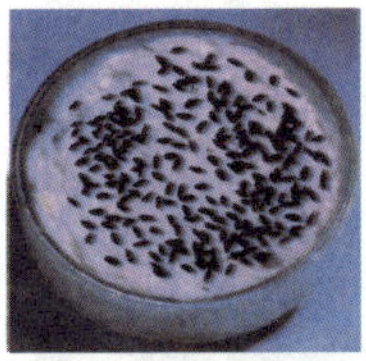

◎河姆渡遗址的稻谷遗存。这是中国目前发现的最早的稻谷遗存，也是世界上已知的最古老的人工栽培稻。

◎刻猪纹陶缸。陶缸上的猪与现代家猪略有不同，但已证明河姆渡文化时期的古人已开始了家畜饲养。

河姆渡文化的农业以种植水稻为主。在其遗址第4层较大范围内，普遍发现稻谷遗存，有的地方堆积着0.2～0.5米厚交互混杂的稻谷、稻壳、稻秆和稻叶，稻类遗存数量之多，保存之完整，是中国新石器时代考古史上绝无仅有的，经科技鉴定，主要属于稻亚种晚稻型水稻，它与马家浜文化桐乡罗家角遗址出土的稻谷，年代均在前5000年，是迄今中国最早的稻谷实物，也是目前世界上所知的最古老的人工栽培水稻。

这对于研究中国水稻栽培的起源及其在世界稻作农业史上的地位具有重要意义。

小人物辞典

伏羲

伏羲，又称宓羲、庖牺、包牺、伏戏、牺皇、皇羲、太昊，《史记》中称伏牺。生活于新石器时代早期，相传为中国医药鼻祖之一，中华民族人文始祖。

◎明代木雕三皇像。从右到左依次为燧人氏、伏羲氏、神农氏。

伏羲是我国古籍中记载的最早的王。据已故考古学家王献唐先生考证，伏羲出生于泗水县泉林、华村一带。伏羲聪慧过人，善于创造。他根据天地万物的变化发明创造出的八卦，成了中国古文字的发端，结束了“结绳纪事”的历史。他又结绳为网，用来捕鸟打猎，并教会了人们渔猎的方法，发明了瑟，创作了乐曲《驾辨》。他的活动，标志着中华文明的起始。

相传伏羲是古代华夏部落的杰出首领，人首蛇身，与其妹女娲成婚，生儿育女，成为人类的始祖。伏羲根据天地间阴阳变化之理，创制八卦，即以八种简单却寓义深刻的符号来概括天地之间的万事万物。此外，他还模仿自然界中的蜘蛛结网而制成网罟，用于捕鱼打猎。

◎唐代伏羲女娲帛画

伏羲的最大功绩之一是“正姓氏、制嫁娶”，创立了男女对偶的婚配制度，最终使人类的体质和智力产生了质的飞跃，极大地促进了社会的进步。

在太昊伏羲氏时代，原始畜牧业迅速发展，九州大地一片太平景象。但是最让伏羲头疼的是，当时出生的婴儿常常出现畸形怪胎现象。经过长时间的观察，伏羲发现，这与当时存在的男女群婚、乱婚现象有关。于是他开始在华夏九州“制嫁娶”，实行男女对偶制：先定姓氏，以防止乱婚和近婚。又首创中国最古老的风姓，并以所养动物为姓，或以植物、居所、官职为姓，使中华姓氏自此起源，绵延至今，实现了中华民族从愚昧走向文明的跨越。

母系氏族公社的确立

血亲婚配逐步受到限制，氏族逐渐形成。新人阶段氏族制的第一个时期即母系氏族公社完全确立。

◎新石器时代的三孔石犁。上海松江平原村遗址中出土。石犁是远古农民耕地的主要农具，它的出现是我国农具一个划时代的进步，距今已有5000多年的历史。

当时，一个母系氏族公社有一个共同的女祖先。由于全体成员只能确认各自的生母，所以成年的妇女都一代一代地成为确定本氏族本辈世系的主体。成年的男子则分散到其他氏族寻求配偶，实行群婚。每个氏族公社内部，存在按性别和年龄的不稳定的分工。壮年男子担任打猎、捕鱼和保护集体安全等需要较大体力的事务，而采集食物、看守住地、烧烤食物、缝制衣物、养老育幼等繁重任务都落在妇女的肩上。她们是氏族公社原始共产制经济的主持者，又对确定氏族的血亲关系起着主导作用，这就是母系氏族公社构成的特点。

这样的社会结构是与当时极端低下的生产力发展水平相适应的，因而通行在旧石器时代晚期的文化发展阶段中。如峙峪、山顶洞等遗址，充分反映了当时母系氏族公社的发展情况。

◎新石器时代的穿孔玉石斧。石斧是古人类刀耕火种阶段的主要农具。当时，人们用石斧把灌木丛树砍倒，用火焚烧以清理场地，然后用尖头木棒刺土下种。石斧除开耕地外，还用于加工木材、营造房屋。

父系氏族公社的产生

母系氏族公社经历了全盛时期，社会生产力迅速发展，男性的劳动在农业、畜牧业和手工业等主要生产部门中逐渐占据主导地位，生产效率不断提高，社会财富日渐增多。

于是对偶家庭逐渐向一夫一妻

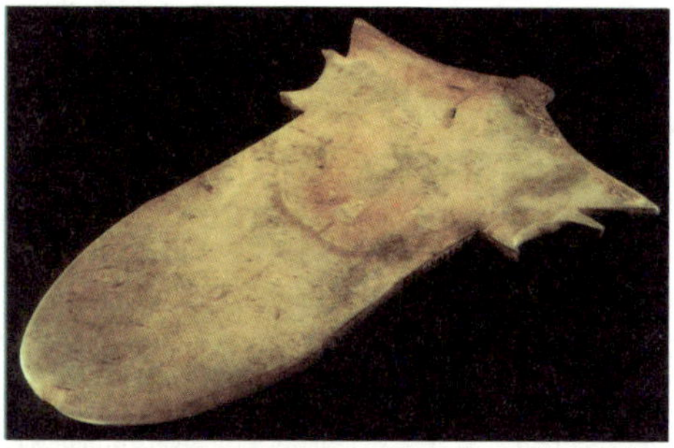

◎新石器时代大石铲。广西隆安出土。此为原始氏族进行与农业生产有关的祭祀活动时用的器物。

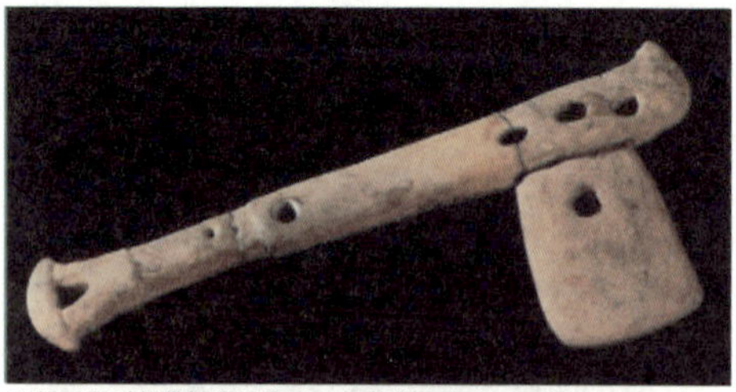

◎新石器时代带柄穿孔陶斧。江苏淮安出土。

◎新石器时代的石锄。内蒙古赤峰出土。中国原始农业大致可分为刀耕、耜（锄）耕、犁耕三个发展阶段，人们在锄耕阶段懂得了松翻土地后庄稼长得好、收得多的道理。

制家庭转化，母权制自然过渡为父权制。父系氏族公社逐渐形成。

从此，以父权为中心的个体家庭成为与氏族对抗的力量，原始社会逐渐趋于解体。

中国原始文化的主干——仰韶文化形成

新石器时代中期（约前5000年～前3000年），仰韶文化出现并繁荣于中国北方，成为中国文明在新石器时代文化高峰中的突出代表，分布于陕西关中、河南大部、山西南部、河北北部和甘肃、青海河套地区，迄今已有一千多处遗址被发现，范围覆盖了中国文明早期的核心地带，影响中原大部分后来文化，成为中国文明的主干。

仰韶文化的居民以蒙古人种的东亚类型为主体，包含一些中亚、南亚因素，是东亚蒙古人种的主体文化。

中国境内的大汶口文化居民有明显的波利尼西亚特征，南方文化如河姆渡文化居民基本属于澳大利亚—尼格罗人种，仰韶文化在文化上和实质上都成为中国文明的主体。

◎仰韶文化时期的舞蹈纹彩陶盆。青海大通上孙家寨出土。

◎人形陶罐，陕西黄陵出土，仰韶文化文物。

◎旋涡纹彩陶尖底瓶，属仰韶文化西北地方分支——马家窑文化类型。

中国开始养蚕

蚕桑业自古以来就是中国农业的重要组成部分，历史悠久。早在六七千年前，我国祖先就已开始养蚕抽丝。

蚕桑技术发源于中国。辽宁沙锅屯仰韶文化遗址出土的蚕形石饰、山西夏县出土的半叨割蚕茧、芮城西王村仰韶文化遗址出土的陶蚕蛹、浙江余姚河姆渡出土的蚕纹象牙盅都表明早在新石器时代，我们的祖先就利用蚕丝为自己的生活服务了。

我们的祖先对蚕不仅有了充分的认识，并且产生了巫术崇拜。这种对蚕崇拜的巫术观念，到了商代，演变为统治阶层对蚕神的崇拜，也说明蚕桑业在社会生活中扮演着日益重要的角色。

新石器时代，还能生产丝织品，拥有较高水平的缫丝和织绢技术。浙江钱山漾出土的4700年前的放在竹管中的丝织品，其精密度已和现在生产的11153电力纺织的精密度相似，并有较好的韧性，说明在当时已能生产较好的丝织品。

中国丝绸之邦的地位，实际上从新石器时代就已开始奠基。

逸闻趣事

神农尝百草

◎神农尝药图

传说炎帝神农居于姜水（今陕西岐山一带），牛首人身。

神农目睹人们靠吃兽肉饮生水难以长久维持，便四处寻找可以果腹的植物作为食物，有时一日中了多种毒，这种为人类大无畏的奉献精神感动了上天，得到神灵的帮助，天降种子，供他种植。

神农还制造耕具，教给人们按时令下种。正是在找谷种的过程中，神农中毒又解毒，从而发现了草木的药性。他还用红褐色的鞭子鞭打百草，尽知其平毒寒温之性味，教会人们认识了植物药。

神农中毒多次，依靠事先备好的茶来解毒，最后尝到断肠草时，刚一咽下便肝肠尽断，未及喝茶解救便中毒而死。

这一传说表现了神农探寻药物的艰险历程，以及后世人们对其勇于献身精神的无限敬仰。

中国开始使用金属

我国史前人类已经开始使用金属。仰韶文化时期就已发明的冶炼技术使我国史前人类在新石器晚期就已步入了铜石并用的时代，为商周时代璀璨辉煌的青铜文明准备了技术条件。

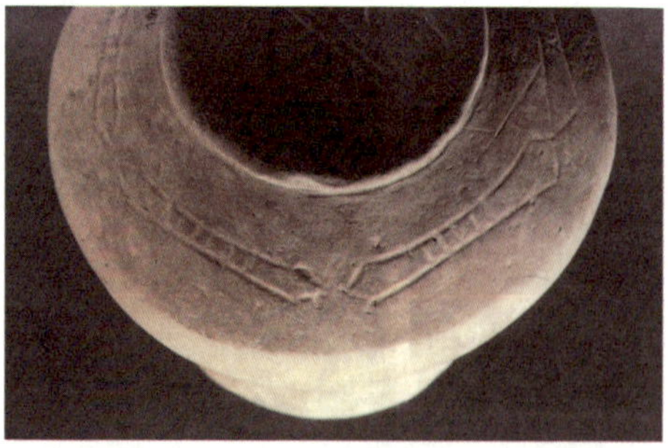

◎纹陶罐底部蚕纹细部。在陶罐底部绘有清晰的一对蚕形纹，表明距今5000年前，中华民族对蚕已有成熟认识，并将其记录在器皿上。

◎目前发现的中国最早的铜镜，距今4000年左右。

人类利用金属的历史，最早是从铜开始，首先是直接利用自然铜，然后利用单金属矿冶炼红铜，或利用多金属共生矿冶炼出青铜、黄铜、白铜。由于我国从一开始就出现了人工冶炼的黄铜和青铜，没有经过漫长而相对独立的自然铜阶段，因此，我国金属铜的早期冶炼和成型方法是与铜器的利用成正比的。

我国目前所知最早的姜寨铜片是黄铜，1973年在姜寨29号房址的居住面上出土了一个半圆形铜片。经碳十四测定，并经树轮较正，该房碳化木椽年代约为前4675年，为我国迄今所见最早的金属块。最早的可辨器形的甘肃林家铜刀则为青铜制品，均属于仰韶文化时代。

我国新石器时代的金属铜成型技术已有了铸造和锻造两种方法，并不分红铜还是黄铜等铜合金。小件器物如锥、指环等饰物，一般用锻制，如皇娘娘台遗址中的12件铜锥及铜凿一件，都有锻打的痕迹。大件器物如斧、锄等，多为铸造——制一个陶范或其他模进行浇铸。铸铜或锻铜工具的使用，大大促进了社会生产力的提高。

从我国新石器文化遗址出土的原始铜器来看，至迟到龙山文化时期，我国史前人类已经开始使用铜器。史前人类使用金属，也是我国将进入青铜时代的前奏。金属工具逐渐普及，石器工具渐渐退出历史舞台，使人类最终告别石器时代，将文明引入更高的层次。

中国音乐产生

新石器时代，中国音乐从先民的原始乐舞中脱离出来，发展为高水平的、有中国特色的音乐体系。

在人类从猿人演变为现代人的漫长历程中，产生了人类的原始乐舞活动，人们在原始简单打击器的节奏和乐声中尽情歌舞，产生了歌舞一体的原始乐舞，它往往以模仿狩猎活动的化装舞蹈为主体，也伴随以祈求丰收、愉悦神灵等巫术内容。

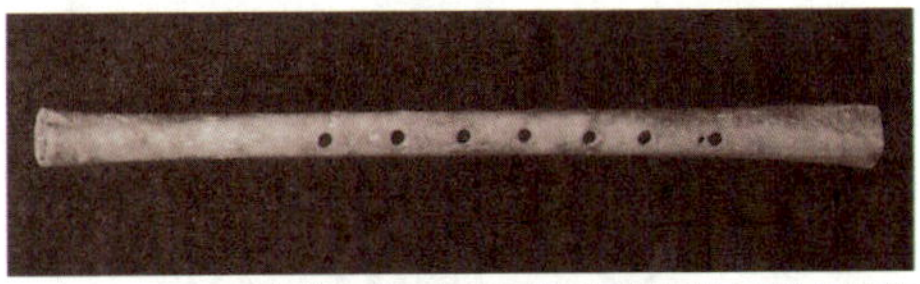

◎早于仰韶文化的河南舞阳新石器遗址中出土的骨笛

在一些现存原始民族中，这样的乐舞活动仍然存在，《吕氏春秋》也记载了葛天氏氏族的大型乐舞。青海大通县上孙家寨新石器时代的彩陶乐舞图（5800～5000年前）描绘了一个队列、服饰、动作都一致、整齐的乐舞场面，表现了乐舞的高级形式。

◎陶埙。单孔陶埙，仰韶文化半坡类型文物。上端有一小孔，轻吹可发出声响，属原始乐器。三孔陶埙，仰韶文化姜寨二期类型文物。压或不压音孔可吹出四种不同声音，属原始乐器。

◎仰韶文化彩陶乐舞图纹饰陶钵。盆内壁上绘有组合式舞蹈纹，纹中人物相互牵手而舞，分腿而蹈，颇具韵律感。

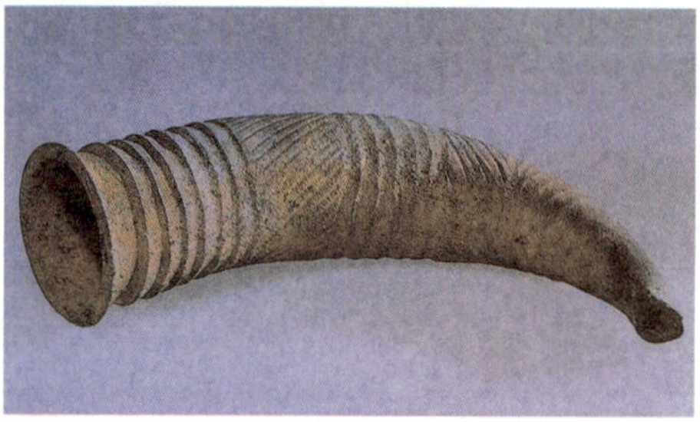

◎陶号角。距今5000年左右，长32厘米、口径8.5厘米，手制，呈弯形牛角状。山东莒县大米村出土。

但在新石器时代，中国音乐已从乐舞中发展成为高度发达的音乐体系，人们对音乐的乐律性质已有了理性认识，随着笛、埙类有明确音高的旋律乐器的出现，人们开始认识音之间的关系，音阶开始产生，并有了将音高纳入模式的乐律知识。山西万泉县荆村和半坡的陶埙已不按绝对音高制作，而具有调式性质，其中一音孔陶埙均能发4个音，并且相邻音阶各埙也大致相同。

新石器时代中国音乐的产生，就是人类音乐在东亚的首先突破，为中国音乐文化的发展奠定了基础，也深深影响了商周的生活方式。

华夏文明的奠基之战——涿鹿之战

相传距今4600余年前，黄帝联合炎帝部族与东夷集团九黎族首领蚩尤在涿鹿（今河北省涿鹿县）展开了一场激烈的大战，这是远古时代一次大规模的战争。

九黎族原居于南方，后北上中原，与以黄帝为首的部落发生了冲突，双方战于涿鹿之野。相传蚩尤族善于制作兵器，其铜制兵器精良坚利，且部众勇猛剽悍，生性善战，擅长角牴，进入华北地区后，首先与炎帝部族发生了正面冲突。蚩尤族联合巨人夸父部族和三苗一部，用武力击败了炎帝族，并进而占据了炎帝族居住的“九隅”，即“九州”。

炎帝族为了维持生存，向黄帝族求援。黄帝族为了维护华夏民族的整体利益，答应了炎帝族的请求，将势

◎兽面纹玉琮

力推向东方。这样，黄帝族便同正乘势向西北推进的蚩尤族在涿鹿地区展开了遭遇战。当时蚩尤族集结了所属的81个支族（一说72族），在力量上占据某种优势，因此双方一接触，蚩尤族便倚仗人多势众、武器优良等条件，率先向黄帝族发起攻击。黄帝族则率领以熊、罴、狼、豹、雕、龙、鸮等为图腾的氏族迎战蚩尤族，并“应龙高水”（利用位处上流的条件，在河流上游筑坝蓄水），抵御蚩尤族的进攻。

战争爆发后，适逢浓雾和大风暴雨天气，这对于来自东方多雨环境的蚩尤族展开军事行动尤为有利，以致在初战阶段，适合晴天作战的黄帝族九战九败。然而，没过多久，雨季过去，天气放晴，给黄帝族反败为胜带来了重要转机。黄帝族把握战机，在玄女族的支援下，乘势向蚩尤族发动反击。他们利用特殊有利的天气——狂风大作，尘沙漫天，吹号角，击鼙鼓，乘蚩尤族部众迷乱、震慑之际，以指南车指示方向，驱军向蚩尤族进攻，终于将其一举击败，并在冀州（即冀州，今河北地区）之野擒杀其首领蚩尤。

涿鹿之战以黄帝族的胜利而告终。获得这场战争胜利的部族首领黄帝从此成为中华民族的共同祖先，并被逐步神化。

涿鹿之战有力地奠定了华夏民族据有广大中原地区的基础，并起到了进一步融合各氏族部落的推动作用，是一场华夏民族在发轫时期决定日后基本面貌的历史性战争，具有深远的意义。

龙凤文化开始

龙凤文化是中华民族文化中一种十分古老而奇特的文化现象，几乎与中华文明同时诞生并经历了漫长的演进历程，到中世纪变成了高度艺术化的龙凤形象，在其演化过程中，不断融入了人类文明不同历史发展阶段社会生活内容和文化含义，思想意蕴极为丰富，从而成为中华文明乃至华夏民族精神的崇高象征。

关于龙的原型，已有多达10余种说法，如图腾说、龙卷风说、雷电

◎内蒙古翁牛特旗三星他拉出土的距今5000多年的玉龙。

◎殷墟玉凤。商代凤形饰物，说明“凤”作为一种原始艺术形象在当时已具雏形。

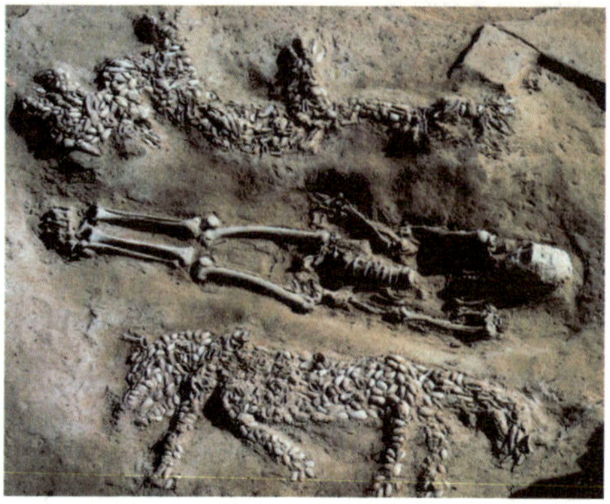

◎摆塑龙虎图案。河南濮阳出土，距今5000多年。墓主为男性。龙虎图案用蚌壳摆塑而成。

说、鳄鱼说、恐龙说等，尤以20世纪30年代闻一多先生提出的“图腾合并”说影响很大。

闻一多先生认为，以鳄鱼为原型的龙和以鸟为原型的凤成为了中国龙凤文化的源头。

发祥于江淮的太昊族长期受到水患的威胁，以当时他们的能力显然无力抗争，生活于长江中下游的外形凶猛的扬子鳄便成了人们心目中兴风作浪的罪魁祸首，人们因畏惧而对其加以崇拜。鳄在古代文献中被称为蛟龙，由于降雨与水旱灾害有直接的关系，因而龙又被幻化为可以升腾飞翔

◎玉质装饰品

之物。总之，龙文化的形成完整地体现了中国的农业文化特色。

凤起源于青鸟，它之所以成为人类心目中的崇拜物，与农业生产和生殖有密切的关系。“玄鸟生商”的传说，表明它与商民族的生产活动关系重大。众所周知，燕子是一种候鸟，冬去春归，它的到来标志着春暖花开和一年的生产活动的开始，同时鸟类普遍具有较强的繁衍能力，在渴求人丁兴旺的时代，生机盎然和生殖力强盛是人们的企盼。它十分自然地演变成了人类的崇拜物，甚至对于龙，有人认为与生殖崇拜也有直接关系。

总之，龙凤文化是以农业文化为特色的中华民族的典型象征。作为民族凝聚力的象征和信仰崇拜，它伴随着中华民族成功渡过了无数灾难深重时代和多次亡国灭种的历史难关。

黄帝征服中原各族之战

一百七十万年前，中华民族的祖先生活于中国大地上。至今约万年时，先民足迹已北达黑龙江，南至珠江流域。通过各氏族、部落的增殖、分化、相互通婚、联盟、战争及迁徙，至今约五千年前，在以黄河、长江为中心的广大地区，形成若干部落。

以黄帝为首的轩辕氏部族迅速强大起来，形成包括姬姓12部落的联盟。

轩辕氏部族对内严格管理社会组织，对外加强武力征讨，对不肯归附的部族经常兴兵讨伐。周边较小的氏族、部落，或被征服而加盟，或被驱逐而远走。黄帝逐渐成为一个较大部落的联盟领袖。

◎黄帝像

◎黄帝陵。位于陕西省黄陵县城北桥山。《史记・五帝本纪》载："黄帝崩，葬桥山。"

当时比较强大的还有炎帝部落联盟，不服黄帝号令。黄帝遂攻炎帝于阪泉之野（今河北涿鹿东南，一说今山西运城解池附近），经过多次激烈交战难分胜负，于是握手言和，并建立同盟。

风姓古夷人集团，此时已繁衍分化为以少昊及蚩尤为首领的两大部落联盟。蚩尤部落联盟，史称"九黎"，善制兵器，作战勇猛，曾征服二十余部落，控制了今苏、鲁、豫交界地区，积极向西、北扩展。黄帝于涿鹿之野（今河北涿鹿东南涿鹿山一带，一说今河北涿州，还有他说）擒杀蚩尤。少昊与黄帝结盟，听从黄帝号令。黄帝在泰山举行了联盟大会，古苗蛮人部亦有参加。

从此黄帝英名远播，"东至于海"，"西至空桐"（今青海固原，一说甘肃高台），“北逐荤粥”，后至釜山（今河北怀来），“南至于江”。此后一些不同血缘、文化的古羌、戎、夷、苗蛮部族加速了融合，为华夏民族及华夏文化的形成奠定了基础。

小文化辞典

仓颉造字

仓颉，即苍颉，姓侯刚，号史皇氏。黄帝手下史官。

传说仓颉曾将流传于先民中的文字加以搜集、整理，并推广使用，在汉字创造的过程中起了重要作用，为中华民族的繁衍和昌盛立下了不朽的功绩。但后世普遍认为汉字由仓颉一人创造只是传说，不过他可能是汉字的整理者，被后人尊为“造字圣人”。今南乐县城西北35华里吴村有仓颉陵、仓颉庙和造书台，史学家认为仓颉生于斯，葬于斯。

考古发现证明，中国先民早在七八千年前就已在龟甲上刻画符号。在五六千年前的仰韶文化、大汶口文化中发现了在陶器上刻划的符号有数十种之多，其中有些与甲骨上所见的字类似，因而有人认为它们就是早期文字。至于在龙山文化早期的陶罐上发现的朱书可以肯定是文字，充分表明中国的汉字至少已有四千余年的历史。文字的出现即是人们在长期的社会生活中不断积累、不断总结的结果，所以仓颉很可能是总结整理文字，为汉字的形成作出重要贡献的代表人物。

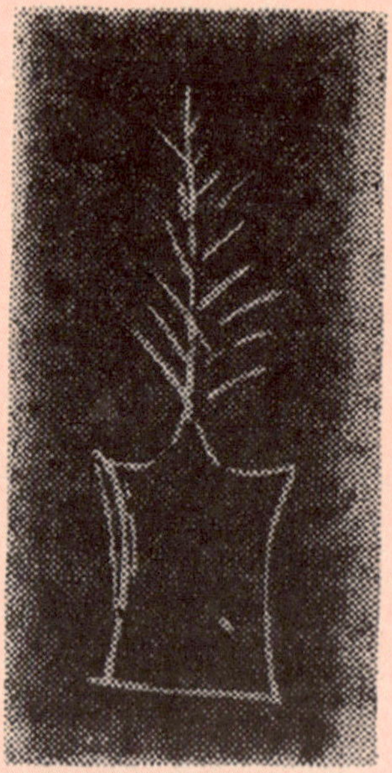

◎“封”字陶文

◎大汶口出土陶文

◎大汶口陶文

颛顼与共工之战

原始社会晚期，相传黄帝之孙颛顼号高阳氏，继黄帝为该部落联盟首领。他生于若水而居帝丘（今河南濮阳东南），正处黄河（约今卫河）东岸附近。炎帝的后裔共工，已成为炎帝族分支共工氏部落联盟的首领，居九有（即九州）黄河中游河西地区（约在今河南辉县境），在颛顼部落联盟的上流。

当时，黄河经常泛滥成灾，荼毒生灵。共工率领部落联盟修筑西岸河堤，防止水患。大水冲毁东岸河堤，殃及下流颛顼部落联盟。两部落联盟发生冲突，在中原地区展开大战。颛顼一举击败共工。

◎内蒙古翁牛特旗出土石刃骨柄刀

帝喾攻共工之战

相传帝喾时期（约前24世纪），帝喾部落联盟，进攻共工氏（约今河南辉县境）。

原始社会晚期，黄帝之后，黄帝族部落联盟生活在中原东部高辛（今山东南部地区）一带。

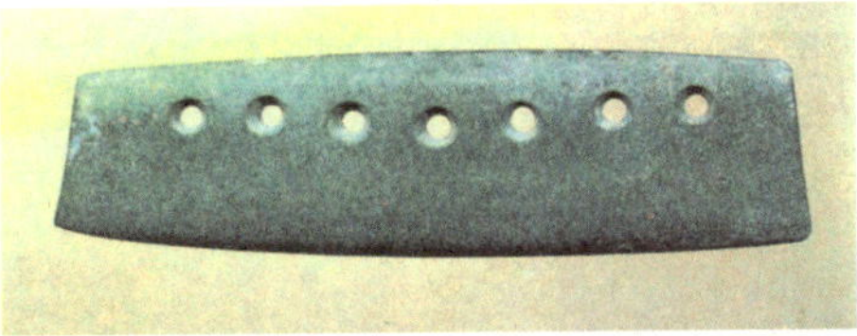

◎七孔石刀

帝喾，号高辛氏，黄帝曾孙，继颛顼成为部落联盟首领。炎帝族的一个分支共工氏部落联盟，居其上流黄河西岸（约今河南辉县境），经常侵犯其他部落，不服帝喾管辖。

帝喾遂进攻共工氏，一举将其击败。此战给共工氏以沉重打击，巩固了帝喾及其部族的领导地位。

尧禅位于舜

传说黄帝以后，在黄河流域的部落联盟出现了尧、舜、禹三个著名的领袖。关于尧禅位于舜的故事，古书有不少的记载。

◎二里头文化的兽面铜牌饰（左） 和柄形玉饰

尧，号陶唐氏，帝喾之子、黄帝五世孙，居于西部平阳（今山西省临汾县一带）。尧当上部落联盟的首领，与大家一起住茅草屋，吃糙米饭，煮野菜作汤，夏天披件粗麻衣，冬天只披鹿皮御寒，衣服、鞋子不到破烂不堪拒不更换。老百姓爱戴他如爱“父母日月”一般。

尧在位七十年后，年迈体衰。他的儿子丹朱粗野不驯，好闹事。有人推荐丹朱继位，尧不同意。后来尧又召开部落联盟议事会议，讨论继承人的人选问题。大家都推举虞舜，说他是个德才兼备、很能干的人物。尧很高兴，将自己的两个女儿娥皇、女英嫁给舜，并考验了他三年之后才将帝位禅让于他。

舜，号有虞氏，颛顼七世孙，距黄帝九世，生于诸冯（在今山东省境内）。

舜继位后，亲自耕田、打渔、制陶，深受人民爱戴。他通过部落联盟会议，让八元管土地，八恺管教化，契管民事，伯益管山林川泽，伯夷管祭祀，皋陶作刑，完善了社会管理制度。他也仿照尧召开继位人选会议，开展民主讨论。大家推举禹为继承人。舜晚年身体不好，依旧到南方各地去巡视，终病死于苍梧（今湖南境内）。舜死后，禹成为部落联盟的首领。

尧禅位于舜的历史传说，反映了原始公社的民主制度。

逸闻趣事

后羿射日

相传尧时，天上十日并出，万木焦枯，天下大旱，地上毒蛇猛兽四出，残害生灵。这时，天帝赐弓箭给当时的著名射手羿，让他为民除害。羿使出高超的射技，用弓箭射落了九个太阳，又杀了无数毒蛇猛兽，使万民的生活得以安定下来。这个神射手与夏朝初年的后羿非同一人。

从“后羿射日”这个神话故事中不难看出，人类在历史发展的过程中，曾经历了无数灾难，包括自然发生的干旱与洪水带来的灾难。后羿射日与大禹治水，都反映了古代先民在与干旱和洪水的斗争中取得了胜利，反映了人类在与自然界的斗争中已掌握了主动权。

◎东汉日神羽人画像砖

◎东汉月神羽人画像砖

舜攻三苗之战

相传帝舜时期（约前22世纪），帝舜部落联盟在江汉地区进攻三苗部落联盟。

原始社会晚期，舜继尧位，成为部落联盟首领。帝舜姓姚，名重华，因其曾为有虞氏首领，又称虞舜，相传是颛顼七世孙。三苗部落联盟逐渐南移于江、汉一带，发展迅速，日益强大，常和舜领导的部落联盟发生冲突。

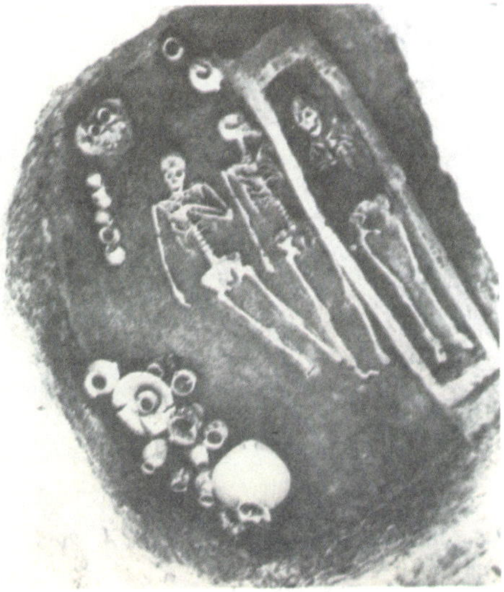
◎青海乐都柳湾出土齐家文化墓葬

舜遂率本部落联盟进攻三苗。经过激烈作战，将三苗击败。为防再生冲突，又把三苗迁徙到偏远的三危（今甘肃敦煌东南，另有今四川、云南等说）。但其相当部分退至南方地区，世代繁衍。

◎涡纹双耳彩陶壶，甘肃省出土。

中国陶器文化达到顶峰

陶器是新石器时代文化的主要标志之一，陶器形制的变化往往反映了文化的不同和发展，中国陶器文化在新石器中晚期达到顶峰。

◎富有神秘象征意义的人面含双鱼纹彩陶盆，陕西西安半坡村出土的珍贵文物。

这一时期，中国制陶工艺技术相当纯熟，已由手工制陶发展到快轮制陶，这是新石器时代制陶术的一项重要成就。快轮制陶工艺出现后，可以制作出壁薄而均匀的器物。

陶器表面修整和装饰工艺更趋成熟。主要有陶纹、表面磨光、涂施色衣（又叫陶衣）、彩绘等方式。此期陶窑的构造都是地穴式的，即穴地为窑（东周之后才建到地面上），并分为横穴式和竖穴式两种。能较好地控制温度。制陶术的发展，在物理化学知识、高温技术上，为制瓷术、冶金术的产生打下了良好的基础。

◎彩绘三足陶罐，内蒙古敖汉旗出土。三足加强圆罐的稳定，整个器物表面呈黑色，又用白、红二色装饰，端庄大方。

在新石器时代，陶器几乎是当时物质与精神文化的总和。彩陶的出现，意味着人类的审美能力又登

◎黑陶蛋壳杯，龙山文化典型文物。轮制，造型规整，器壁薄如蛋壳，且厚薄均匀。

上了一个历史的新阶梯。彩陶艺术的光芒已辉映了新石器时代中期的历史环境，并敲响了高级文明来临的晨钟。

新石器时代晚期的陶器文化，为青铜时代的来临准备好了造型的场所，使它们在火光的焙烧中迎接冶炼的铸造艺术形体的降临。

禹攻共工之战

相传帝舜时期（约前22世纪），禹部落联盟与共工氏部落联盟（生活于今河南嵩县北黄河附近）交战。

原始社会晚期，中原地区生活着黄帝族系的部落联盟（今山西南部），舜为首领。当时，黄河经常泛滥成灾，祸及人民。舜于是命禹治水。炎帝族系的共工氏部落联盟，长期与舜领导的部落联盟争夺生存地域，并为治水发生冲突。

于是，禹率领本部落联盟进攻共工氏，将其击败并驱离治水地区，以便治水。从此共工氏再也无力与黄帝族系部落联盟抗衡。

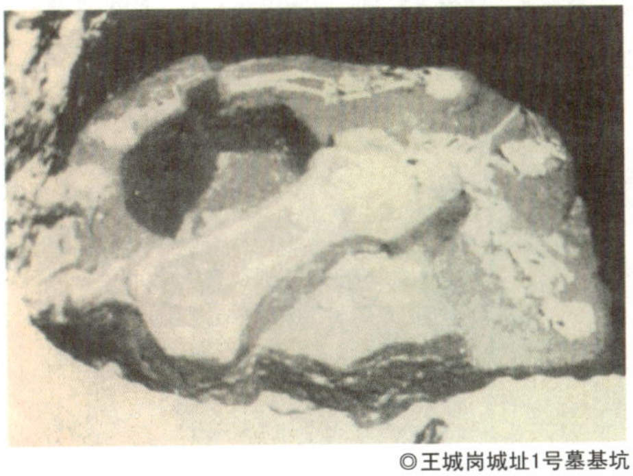

◎王城岗城址1号墓基坑

大禹治水

据文献记载，尧、舜之时，鲧奉命治理黄河水患，失败被杀，其子禹（约前2033年～前1989年）被推举继承父业，平息水患。

禹吸取其父失败的教训，改变方法，不再修堤筑坝、壅防百川，而是开沟修渠，以导为主，依据地势高低排除积水和疏浚滞淤，使原来的沼泽"渥地"改变成"桑土"良田。

禹不辞辛苦，排除万难，居外

◎大禹治水像

◎黄河，中华文明的摇篮。

十三年，三过家门而不入，终于疏川导滞，治水成功。

结合河南豫西地区的考古发掘材料看，原始氏族社会末期的仰韶文化和龙山文化早期的文化，还多分布在浅山区和丘陵地区河谷两岸的台地上，而龙山文化中期与晚期的聚落遗址，不但数量较前显著增多，而且在靠近河岸两侧地势比较低的地带，特别是在河南豫东大平原地区也多有分布，这很可能与禹治水成功促使农业生产发展从而促进整个地域发展有关。

涂山之会

禹在确立王权的过程中，以奉行天命自居，统领众多邦国君长，继续征伐三苗。这是一次规模较大的武力征战，在激烈的战斗中，三苗战败。

通过征伐，夏禹逐步确立了王权。

禹确立王权后，在有崇部落所在地——嵩山之阳建立了阳城（河南登封县告成镇）作为都城。后又迁往阳翟（河南禹县）。

当时，涂山氏拥有强大的军事力

◎西安半坡方形房屋遗迹，屋内有12根木柱

量，在中原各方国中势力最强。两族结成了牢固的政治联盟，对大禹治水给予了强有力的支持。禹即帝位后，皋陶、伯益先后为首辅，涂山氏成了夏后氏最倚重的力量。为了进一步获得妻族的支持，大禹便偕同女娇，在涂山召开了紧急军事会议，准备与共工决一死战。

为了巩固王权，禹又沿颍水南下，在淮水中游的涂山（安徽蚌埠西郊怀远县境），大会夏、夷诸部众多邦国或部落的首领，这就是历史上有名的“涂山之会”。原来的众多部落首领到此时大都转化成世袭贵族，成为各个邦国的君长。

此次大会，是夏王朝正式建立的重要标志。

◎人首形器口彩陶瓶。甘肃秦安大地湾出土。

夏禹攻有扈氏之战

帝禹时期（约前21世纪），帝禹部落联盟在甘（今陕西户县一带）进攻有扈氏，两军展开了一场激烈的大战。

禹在完成治水及击败三苗后，威势大增，实力更强。曾在涂山（今安徽蚌埠西，一说今浙江绍兴境）召集中原各族系部落首领聚会，以确立其最高领导地位。有不从者，如曹、魏、屈、骜等族，均被禹以武力征服。此时，禹的权力已超出部落联盟领袖具有的公共权力范围。在会稽之山召集部落首领集会时，防风氏姗姗来迟，被禹所杀。

与禹同为姒姓的有扈氏，是位于禹所在地阳城（今河南登封告城）西方的强大部族，对禹的权力膨胀颇为不满。禹遂召集所属部落进攻有扈氏。经多次交战，也未能将其彻底征服。

夏朝

大事纪

●约前2250年～前2100年
尧禅位于舜。

●约前2070年
夏朝建立。

●约前2070年
启子继父位。

●约前1938年～约前1936年
羿、浞生乱。

●约前1600年
夏桀亡国。

中国第一代王朝——夏朝建立

约前21世纪时，黄河流域地区已形成了强大的部落联盟，夏族部落是其中重要一员。部落联盟的首领舜，按传统的推选方式传位给禹。舜死后，禹欲让位于舜之子商均，但天下诸侯皆朝禹而不拜商均，禹遂在阳城（今河南登封东南）即位（约前2033年～前1989年）。

根据文献记载和古史传说，约前21世纪，聚居在中原地区黄河中下游两岸的夏部族，通过与周围地区其他部族联盟的形式，首先建立了中国历史上第一代王朝，史称夏。

◎大禹陵

夏王朝的统治中心地带，大致西起今河南省西部与山西省南部，东至河南省与山东省交界处，北入河北省，南接湖北省。这一区域的中心是嵩山及其周围的伊、洛水流域、济水流域和颍水与汝水上游地区。

禹继位后，连续发动征讨位于今汉水上游丹江一带的南蛮三苗的战争，并取得胜利，巩固了王权。为了巩固统一，禹南巡涂山（今安徽怀远境内），大会诸侯。各诸侯执玉帛对禹朝贡，行臣服礼。夷、夏诸侯首领完全臣服于夏禹的统治，成为维护王权的世袭贵族。

至此，夏朝的统治完全确立。

夏朝王位世袭制确立

相传禹在晚年，曾推选夷人首领皋陶为继承人。皋陶先死，又推举伯益。但当禹死后，部落联盟中一些有权势的贵族却起来反对伯益，拥立禹的儿子启继任。

启趁势杀了伯益，夺得了王位（约前1988年～前1979年）。

传统的“禅让”制从此被破坏，代之以父传子的王位世袭制。

王位世袭制的确立，是形成奴隶制国家的重要标志之一，也是一场重大的社会变革。夏部落中的同姓邦国

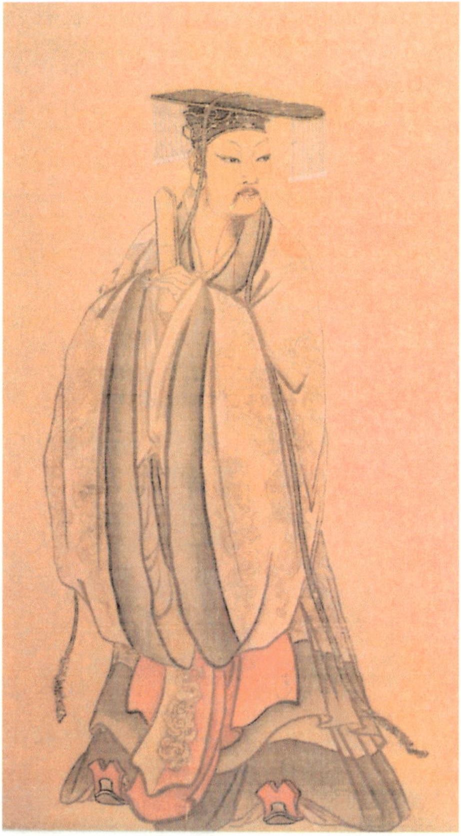

◎夏禹王像。禹，传说中夏朝的第一个王，鲧之子。因禹治水有功，舜让位于他。在他死后，子启即位，从此开始了王位世袭制度。

有扈氏起兵反对，启亲率大军进行讨伐，双方大战于甘（今陕西户县），有扈氏战败而被剿绝。

启经过巩固王位的激烈斗争，确立了王位世袭制。于是在钧台（今河南禹州境内）召开诸侯大会，众多邦国首领都到阳翟来朝。这就是历史上有名的“钧台之享”。

随着王位世袭制的确立，以国王为中心的国家机构等体制亦逐渐建立起来。据说，禹巩固王权后，把当时所了解到的全部土地划为9个行政区域，即九州。

夏启治国

公天下制度被禹的儿子夏启摧毁后，遭到一些人的激烈反对。夏启没有急于镇压这些反对他的人，而认为最需要做的是收买人心，让民众心服口服地拥护自己。于是夏启严格要求自己，以博得人们对他的信任。他每顿饭只吃一碗普通的饭菜，睡觉只铺一床粗糙的旧褥子；除了祭神和祭祖以外，不允许演奏音乐来娱乐；尊敬老人，爱护小孩；任贤用能，人尽其才。

夏启收买人心的举措大获成功，不到一年，他的声誉如日中天。大家一致认为夏启理所当然是夏禹的继承人，对于父死子继的家天下制度，人们觉得十分合理。

◎夏代文物

夏启攻益之战

相传夏启时期（约公元前21世纪），启率部落在箕山（今河南登封境嵩山）以南与伯益展开了一场激烈的大战。

禹任部落联盟领袖时，因治水及战败三苗（参见舜攻三苗之战），得到各族系多数部落首领的拥戴，“方行天下，至于海表，罔有不服”（《尚书·立政》）。禹生前向联盟会议推荐伯益为联盟领袖继承人。伯益（亦称益、伯翳或大费）是东夷的部落首领，曾佐禹治水，但时间不长。

禹死后，其子启受到大多部落首领的支持，益则“辟居箕山之阳”（《史记·夏本纪》）。

启凭借其氏族远远超过其他氏族的强大实力，立即率部向益展开进攻，将其杀死，夺取了中原地区的领导权，并迁居于夏（今山西夏县西北）。

夏启攻有扈氏之战

相传夏王启时期（约公元前21世纪），启率夏军在甘（今陕西户县境，一说河南今郑州西，或说今洛阳西南）与有扈氏军展开了一场激烈的交战。

启杀益后，积极组建军队，加强统治机构，获得了中原各部族首领的承认，使子承父位及君主专制合法化；并在钧台（今河南禹州境内）召开首领大会，将首领转化为诸侯、贵族，以巩固其统治地位。原先就对禹的领导不满的西方大族有扈氏，此时对夏启的夺权及改变制度更为不服，起而反抗。

于是，启调集配属战车的王室卫队及诸侯族军数千人，西渡黄河，进攻有扈氏，双方对阵于甘。

战前，启对军、政卿及部队下达动员令誓师，借口“威侮五行，怠弃三正”，作为有扈氏的罪行，宣布“天用剿绝其命，今予惟恭行天之罚”，规定作战纪律为“左不攻于左”、“右不攻于右”、“御非其正”，即为“不恭命”；“用命，赏于祖，弗有命，戮于社”（《尚书·甘誓》）。然后下令进攻。

夏军初战小胜，后又经多次作战，终于彻底击败有扈氏，进一步巩固了夏王朝的奴隶制统治地位。

太康失国

相传夏启晚年，生活日益腐化，贪图享乐，穷奢极欲，沉迷于饮酒、打猎、歌舞，荒于朝政。

启死，其子太康继位，也沉湎于

◎山西襄汾陶寺墓地发掘现场。陶寺遗址年代约为前2500～前1900年，在这里发掘出的居址、墓葬及各种文化遗物，对研究中国古代等级、国家的产生及夏文化的发展，均具有重要的学术价值。

羿、浞生乱

据文献记载和古代传说，夏启死后，子太康继位。这两朝君主均安于逸乐，不恤民命，于是在夏王朝的统治集团内部，先发生太康兄弟五人争夺王位的变乱，后出现武装叛乱，虽被平息，但夏王朝统治力量已经削弱。

太康死后，弟仲康立。仲康死后，子相立（约前1868年～前1848年）。此时东夷族中势力比较强大的有穷氏首领后羿（又称夷羿），趁夏王朝内部发生王权之争，攻入夏都，“因夏民以代夏政”，夺取了王位，号称帝羿。

羿掌权后，不吸取教训，自恃善射，不修民事，终日以田猎为乐。不久后羿被他的亲信东夷族伯明氏成员寒浞所杀，寒浞自立为帝，又夺羿妻子，生子浇及豷。

寒浞又命其子浇灭夏的同姓斟灌与斟鄩，并追杀逃亡的夏帝相。结果，相被杀，但相之妻从墙洞逃出，躲藏到母家有仍氏（今山东金乡境），生夏帝遗腹子少康。

少康中兴

少康，夏朝第六代国君。夏相之妻后缗所生。

后缗母家为有仍氏，当寒浞攻杀夏后相的时候，相妻怀孕，从墙洞中逃归母家，生少康，所以少康一直生活在有仍氏家里。长大后当了有仍氏的牧正，管理畜牧。当寒浞之子浇派人去追杀少康时，少康逃到了有虞氏，当了有虞氏庖正（厨官）。舜的后人虞思将两个女儿嫁给了少康，又给了少康田地和百姓，少康才稳定下来，并着手施行恢复夏朝统治的各种举措。

在寒浞代后羿、政局混乱之时，夏的贵族靡逃到与夏同姓的有鬲氏。靡收抚了斟灌氏、斟氏的逃散人众，整顿队伍，积蓄力量。在靡的密切配合下，少康终于攻灭了寒浞，杀浇于过，杀豷于戈，恢复了夏朝。

夏朝从太康到少康，历经约一百年的混战才恢复过来。史称“少康中兴”。

小人物辞典

夏桀

夏桀，名履癸，夏朝最后一位君主，中国历史上有名的暴虐、荒淫的国君之一。

夏桀文武双全，赤手能把铁钩拉直，但荒淫无度，暴虐无道，骄奢淫逸，生活腐化，动用大量人力、物力、财力建造倾宫、瑶台，又从各地搜罗美女填充后宫。桀在征伐有施氏时得了美女妺喜，回国后，昼夜与妺喜及宫女饮酒作乐。于是四方诸侯纷纷背叛，夏桀陷入孤立的境地。商汤乘机发兵伐桀，两军于鸣条展开大战，夏军战败，夏桀出逃，死于南巢（今安徽省巢县）。

夏朝由此灭亡。

后世常将桀与纣并称为暴君的代名词。成语“桀骜不驯”中的“桀”即指夏桀。

商部落兴起

相传约前21世纪，帝喾次妃，有娀氏之女在洗浴时见到玄鸟堕下的蛋，吞食后怀孕，生下商民族的始祖契，这一传说反映了人类早期母系氏族社会时代属群婚制形态，人们只知其母而不知有其父。至此，这种文化现象宣告结束，父系制时代开始。

契，又称殷契，是一个部落的首领，曾协助大禹治理水患，因功被帝舜封于商。其活动区域在东方的渤海沿岸、河南、河北、山东半岛和辽东半岛。

从契至主癸，共经历了十三代，前后延续七八百年，这一时期是商与夏共存的时代，是商民族发展的第一阶段。有以下明显的文明成就：契的孙子相工发明了马车，把商民族的活动范围扩展到了海滨，加强了和海滨各民族的经济文化交往。契的第七代继承人王亥发明了牛车，开始了畜牧业，和各部落之间有了商贸往来，并以贝作为货币，活动范围已经达到黄河北岸。

王亥在一次与有易部落首领的宴饮中发生冲突，被有易部落首领绵臣当场杀死。王亥之子上甲微继位后，决心为父报仇，便联合方国大败有易部落，杀死绵臣。

上甲微的这次胜利，是商族发展史上一次不小的转折。商族开始过相对稳定的定居生活，进一步扩大自己的势力。后世追祀先公先王时，都是

◎陶牛车。传说商朝的祖先王亥远在夏朝初年就驾着牛车、载着帛，到远方部落去贩卖商品。

◎简狄像。简狄，古代传说中帝喾之妃，因吞玄鸟卵而生契（即商之始祖）。

由上甲开始，用牲十足；商王用十干纪名，后世沿用至今，可见后世对他的崇敬。

“衣（殷）王勤商，十有四世而兴”。约前16世纪，商传到第十四代成汤时，他任用伊尹为相，国力强盛，在夏王朝的诸侯小国中很有威望。当时夏桀荒淫暴虐，朝纲不振，诸侯纷纷起兵反叛。成汤趁势发兵，一举灭夏，建立商朝。

夏商鸣条之战·夏朝灭亡

夏桀无道，百姓怨声载道，诅咒他“时日曷丧，予偕汝皆亡”，四方诸侯也纷纷反叛，夏的属国商渐渐演变为与之抗衡的对手。

汤在贤臣伊尹、仲元的力辅下，巧妙谋划，“先为不可胜”，逐一翦除夏桀的羽翼，孤立夏后氏，最后一举攻克夏邑。首先派遣伊尹数次打入夏桀内部，充当间谍，掌握了夏王朝“上下相疾，民心积怨”的混乱状况。二是采取先弱后强、绝其羽翼之决策。第一个打击目标指向夏的属国葛，以替童子复仇的名义起兵灭葛，继而集中兵力逐步灭韦、顾，并攻灭夏桀最后一个堡垒即实力较强的昆吾，打通了最后灭桀的道路。三是把握时机，当汤停止向桀纳贡时，桀即刻调九夷之师，准备伐商，汤则视情马上“谢罪请服，复入职贡”以稳住桀，积蓄力量等待时机；不久传来桀诛杀重臣、众叛亲离的消息，汤乃再行停止向夏桀的贡奉；此时桀的指挥完全失灵，九夷之师不起，有缗氏公开反抗。

约前1600年，汤见伐桀时机成熟，果断下令起兵伐夏，战前举行隆重誓师仪式。《尚书·序》载，汤“与桀战于鸣条之野，作汤誓”，即汤向士兵们发表的征伐夏桀的誓师辞。誓师后，汤精选良车70乘，勇士6000人，联合各“方国”军队，采取战略大迂回，绕道至夏都以西突袭夏都，桀仓促应战，西出拒汤，同汤军队在鸣条展开战略决战；决战中汤军奋勇作战，一举击败了夏桀的主力部队，桀败退至属国三朡；随之汤乘胜攻灭了三朡，桀率少数残部逃往南巢，不久病死。汤回师西亳召开了众多诸侯参加的“景亳之命”大会，得到三千诸侯的拥护，取得了天下之主的地位，夏朝宣告灭亡。

鸣条之战成为夏王朝灭亡的转折点，夏王朝就此灭亡，汤建立了中国历史上的第二个王朝——商朝。

商朝

大事纪

- 公元前1600年
  成汤灭夏建商。
- 公元前1541年
  名臣伊尹囚禁商王。
- 公元前1300年
  盘庚迁都殷。
- 公元前1250年～前1192年
  武丁中兴。

●公元前1250年
武丁破格选拔傅说。

●公元前1191年～前1169年
祖乙政治改革。

●公元前1046年
武王伐纣。

成汤灭夏建商

◎商汤像

约前1600年，汤率军攻占了夏都斟（今伊洛地区），夏王朝灭亡，商王朝建立。

汤，又名成汤，或成唐，甲骨文称大乙（还有他名）。其始祖名契，相传是帝喾高辛氏的后裔，契母简狄，有娀氏之女，吞玄鸟（燕子）卵生契，故曰“天命玄鸟，降而生商”，因此商族曾以鸟作为氏族的图腾。商族经过长期的发展，力量逐渐壮大起来，至汤时，迁居于亳（今河南濮阳），这里是夏和先商交界地区。从亳到夏的都城斟，是一片平原沃野，没有什么山河阻挡，汤便于此组织军队向斟进军。汤迁居亳是为了进行灭夏的准备。

对于周围各小国，商汤尽力扩大自己的影响，争取各方国和部落的拥护和支持。《史记·夏本纪》里记载：“汤修德，诸侯皆归汤。”当汤看到夏桀的统治基础已根本动摇，灭夏时机已经成熟时，便召集诸侯开会申明，为了执行天的命令，必须征伐暴虐不仁的夏王朝。

经过一番准备之后，汤于前1600年率军征伐夏桀。出发前，汤发表誓师辞，据说这就是今天保存在《尚书》里面的《汤誓》。汤攻夏的进军路线是从亳起兵先伐葛、韦、顾，再伐昆吾，最后直捣夏的都城

◎河南偃师商城遗址。位于今偃师县城西南。学者认为此即商汤建立的“西亳”都城。图为商城一号建筑群中的四号宫殿。

斟。夏桀面对汤的进攻毫无防备，不战而逃，后逃至南巢被囚而死。汤安抚夏朝臣民后举行祭天仪式，宣告夏王朝灭亡。

其后，他在三千诸侯的拥戴下登上天子之位，宣告商王朝的成立。经过二十年的征伐战争，汤统一了黄河中下游地区，影响达于上游，统治区域空前辽阔。

商代建立之后，汤吸取了夏桀的教训，告诫臣属不能像夏桀那样贪图享乐，压榨百姓，而要“勤于事”，“有功于民”。他自己也以身作则，定期巡守天下，施仁政，勤政爱民，曾自充祭祀用的牺牲为民祷雨，颁布四方献令，要求各地进贡时只贡所出产品，不能在价值上互相攀比。这减轻了人民的负担，受到各地诸侯的欢迎。

商朝的建立使生产力得到巨大发展，古代文明的进步获得转机，中国从此与埃及、巴比伦、印度以“四大文明古国”并称于世。

贝币成为货币形式

原始社会末期，贝就开始作为交换的中介物，这是贝币作为货币形式的萌芽时期。

到商和西周（前17世纪～前771年）时期，贝币已经成了流通中的主要货币形式。贝壳成为中国的早期货币，并非偶然。

贝壳是古代人们所喜爱的一种装饰品，它们色泽光彩美丽、坚固耐用，很容易成为日常交换的媒介。贝壳产生于海洋，夏商两代主要活动在我国东部近海但又与海岸有一定距离的地区，贝壳的供给量多少适中，既便于普及，又能在一段时间内保持价格的稳定。而且，贝壳比较容易加工成可以分合之物，易于计量。所以，贝壳成为中国历史上较早的广泛使用的货币，是很自然的事。

贝壳最初是作为贵重的装饰品传入北方的，到商代时才真正成为货币形式。在史前的仰韶文化和二里头夏代文化的遗址中都发现有贝，但数量很少，主要作装饰之用；在商代，用贝作为随葬品的现象已相当普遍，到商代晚期，墓中随葬的贝的数量明显增多，从数百枚到数千枚，最多达到六七千枚。同时在商代金文中也出现有商王将贝赏赐给臣下的记载。这说明贝已不仅仅作为装饰品，而是具有特殊价值的物品了。将单个的贝币用索穿连成串，每5个贝为一系，2个系为一朋，10贝1朋，为1个计量单位。在商代墓葬中，还出现了石贝、铜贝、玉贝、骨贝等仿制品，说明人工铸币也开始使用。从文字学上看，甲骨文中贝字和从贝的字

◎贝币。中国最早的货币，大约在夏代开始使用，商代和西周时期已成为主要货币。贝币是产于南方暖海的海贝，由于它携带方便、坚固耐用，所以被古人从馈赠、赐赏的装饰品转化成集市交易的原始货币。图中大贝为商代遗物，河南安阳殷墟出土。小贝为商代后期遗物，河南安阳妇好墓出土。

很多，所有从贝的字都含有财富、珍宝、贮藏的意思，这也说明贝已具有普遍的货币作用。

到西周时期，仍然以贝币为主要货币，《诗》中有“赐我百朋”的诗句，金文中也常有关于贝和朋的记载。这一时期天然的海贝数量减少，随着铜器铸造业的发展，铜铸贝币的数量增多。

贝币是我国最早的货币形式，中国货币由此衍化，发展到后世的金、银、布帛和纸币，构成了自史前时期至明清两代独具特色的独立货币体系和货币文化。

名臣伊尹囚禁商帝太甲

约前1544年，商老臣伊尹立太丁之子、成汤嫡长孙太甲继位，传说还亲作《伊训》、《肆命》、《徂后》等教导太甲。太甲继位后，“不明、暴虐、不遵汤法、乱德”，伊尹屡谏不止。

太甲三年，伊尹将太甲囚禁在王都郊外的桐宫（今河南偃师），自己代行天子职权，摄行政当国。太甲居桐宫三年，在伊尹的耐心开导下，悔过反省，开始弃恶从善，施行仁义。

伊尹便迎太甲归朝当政。太甲复位后，果然政通人和，诸侯归顺，百姓安居乐业，大有成汤之风。传说太甲死后，伊尹作《太甲训》三篇，颂扬太甲，并尊他为太宗。

伊尹为商王朝开国功臣，曾辅佐商汤推翻夏桀，建立政权，又辅佐外丙、仲壬、太甲三王，立下汗马功劳。有传说，伊尹名阿衡，地位卑贱，看到汤是个有作为的人，便乘有莘氏嫁女之机，以陪嫁奴仆身份来到商。伊尹善烹调。到商后为汤掌厨，他利用侍奉汤进食的机会，给汤分析天下形势，历数夏桀暴政，进献灭夏建国的大计。后来，他得到汤的信任，并被任命为“尹”，即右相，从此跟随商汤灭夏立商，成为商朝开国元老。

太甲之后，沃丁即位，伊尹自感年老，不再参与朝政。沃丁八年，伊尹病死，相传已有百年之寿。沃丁以天子之礼隆重安葬伊尹，用牛羊豕三牲祭祀，并亲自临丧三年，报答他对商王朝的贡献。

◎伊尹像

伊尹的名字见于甲骨文，记载他历享后代商王的隆重祭祀。他是中国历史上第一位民臣形象，在商王朝的建立和巩固中起到了不可估量的作用，特别是他的政治主张对整个商代都起了决定性的作用。

盘庚迁殷

从商建国至盘庚执政，历经四次迁都。

前1312～前1285年，阳甲死，其弟盘庚继位，为了摆脱困境，避免自然灾害，于是决定从奄（今山东曲阜）迁都至殷（今河南安阳西北），但遭到不少商民的反对。盘庚便利用宗教对商民们进行威慑恫吓，说先王们都按照上帝的意志迁了五次都，我也经过占卜，“卜稽曰：其如台”，因此迁都的计划得到上帝的允许，并不是我个人的意愿。你们要服从上帝的旨意，否则上帝就要惩罚你们祖先的灵魂。结果商民们不敢违背上帝的旨意，跟随盘庚迁至殷地。从此安定下来，直至商纣灭亡，共历八世，

十二王，两百七十三年。

殷在前14世纪末至前11世纪作为商代后期的都城，也是中国历史上可以肯定确切位置的最早的一个都城。盘庚迁殷虽然被披上一件神圣的外衣，但却是历史的一大进步。商迁殷后，政治有所改善，社会比较稳定，经济、文化都得到了极大的发展。

盘庚迁殷成为商代的一个重要转折点。约前11世纪周武王灭殷后，殷城逐渐荒芜，时间一久，变成废墟，慢慢被埋在地下，后人称为“殷墟”。

因此，自盘庚迁殷到帝辛（纣）亡国共历273年的商朝，也称殷朝、殷代、商殷或殷商。

◎1930年殷墟发掘现场

原始青瓷出现

商代中期，原始青瓷开始出现。

在河南、湖北、河北、江西等地都有原始青瓷的产地，其中又以长江下游为盛。

原始青瓷具有瓷器的基本特征，但又不具备真正瓷器的薄胎半透明性质。它以含铁量低于1.5%的高岭土为原料，坯体施青色石灰釉，经过1200℃左右窑温烧成，胎质较坚硬致密，胎色青中泛白，故名，亦常称为原始瓷。它的吸水率较低，初具瓷器的特质。

原始青瓷自商代中期出现，其产量一直呈现上升的趋势。它的原料基本上是就地取材的，只有在选择和加工上比较讲究。中国南方的许多地方因为具有丰富的瓷石矿，所以原始青瓷首先在长江下游得到了较大发展。

在原始瓷的产生和发展中，原始瓷釉也开始形成并不断发展。北方最迟在仰韶文化时就发明了在陶器表面上涂刷白色涂料，即所谓“白衣”、“陶衣”的工艺；在南方，湖南澧县新石器时代早期陶器就采用了涂刷红色陶衣的技术。

商、周的原始瓷釉叫石灰釉，它的主要优点是熔融温度较低，高温黏度较小，釉面光泽较好，硬度较大，透明度亦较高，坯体上刻画的花纹图案，浮雕人物，都可一一清晰透映出来。石灰釉在中国沿用了很长一个时期，对中国古代陶瓷技术的发展作出了重要贡献。春秋战国之后，施釉技术有了明显的提高，绍兴富盛区出土的原始青瓷虽釉薄至10～50微米，而胎釉结合却较前稍好。

在影响原始青瓷产品质量的诸多工艺因素中，最为重要的有两个：一是原料的选择和加工，二是陶窑构筑、窑内气氛、温度的控制。

中国是世界上最早发明瓷器的国家。原始瓷的发明和发展，说明当时在陶瓷原料的选择和加工，在窑的构筑和烧成技术上，都达到了一个较高的水平。原始青瓷从原料选择、成型、施釉到烧成，都还比较原始，故不管胎还是釉，与真瓷都存在着相当的距离。但原始瓷毕竟是真瓷的前身，它的出现是个伟大的起点，预示着东汉时期真正瓷器的产生。

◎商代青褐釉原始瓷尊

中国金银器工艺产生

3000多年前，中国金银器工艺产生，在以后漫长的发展历史中，曾产生过无数优秀的作品。

所谓金银器，是以贵金属黄金和白银为基本原料加工而成的器皿、饰件等。在我国，黄金一般分山金和砂金，其中砂金较早被人类发现。银又称白金，与其他矿物夹生共存。在物理性能方面，金不怕氧化，不易生锈，不溶于酸碱，延展性较好，而银在这些方面都不及金。

金银器的制作工艺主要有熔炼、范铸、锤、焊接、炸珠、镌镂、抽丝、掐丝和镶嵌等，这些技法有的来自青铜器工艺，有的则是金银器制作者的独创。

科学发掘的资料证明我国最早的金器产生于商代。在河南、河北、北京、山西等地的商代遗址和墓葬中均有金器出土。其中商殷中心区域出土

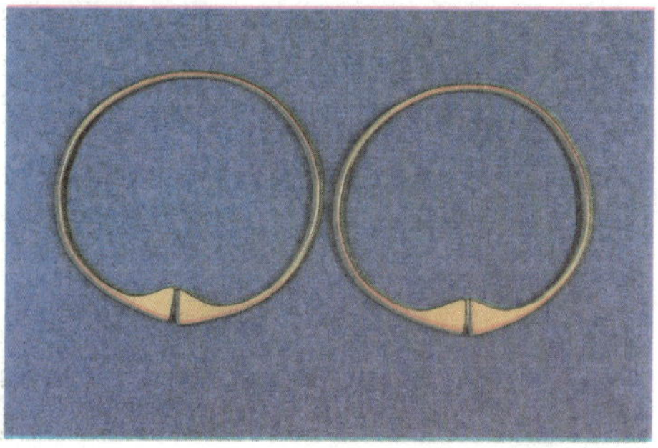

◎商代金臂钏

了金片、金叶、金箔等饰件，而离这一区域较远的地方则出土了一些金质首饰。北京平谷商代中期墓葬中出土的金臂钏、金耳环等，经化验含金达85%，杂有较多的银和少量的铜。其中金臂钏用锤法制成，两端锤成扇形，再弯成环状；金耳环一端锤成喇叭口状，一端锤成尖状，整体弯成圆形。

商代晚期金器主要出土于山西石楼后兰家沟，这里可能就是商代的北方，这批金器应该是商文化与北方文化的结合体。这里出土了三件金珥形器，其中两件大小相同，另一件较小，都有一粒串珠，一端尖卷如涡纹，另一端较平，伸出一条细丝尾柄，串珠后又从中弯曲，尖部折上呈乙形，造型奇异，可能也是少数民族制品，在青海属辛店文化的大通县上孙家寨还出土了金耳环和金贝等。

这些情况表明，商代金银器工艺已经发展到了相当水平，尤其是北方少数民族地区，更是具有自身特点，这一特点，在以后的发展过程中表现得更为突出。

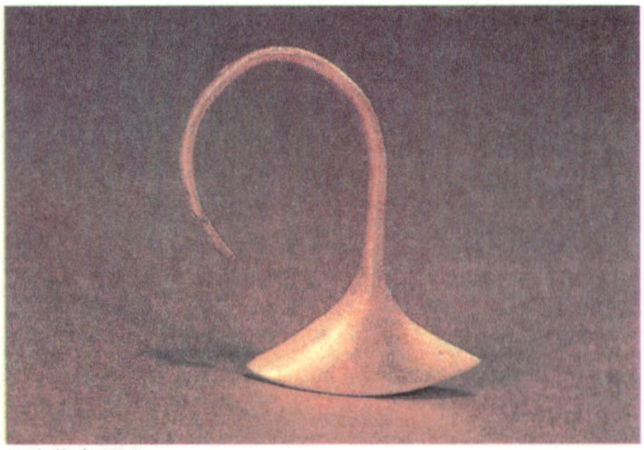

◎商代金耳环

中国青铜文化全盛时代开始

中国古代青铜技术在商代晚期进入鼎盛阶段，夏、商、周是人类青铜文化史上至为光辉灿烂的时代，中国在金属冶炼、铸造、以及合金技术、加工技术、热处理和表面处理技术等方面，都取得了伟大成就。世界著名科学史家李约瑟（Joseph Needham）博士说：“没有任何的西方人能够超过商、周两代的青铜器铸造。”

商代铜器可分为早、中、晚三个时期。早期以河南偃师二里头遗址晚期所出为代表，年代上限相当于成汤时期，器物较少，器形有爵、斝、戈、刀、镞、锥、锛、凿等。礼器种类单调，胎质薄，铸造粗，无花纹，无铭文，但有的铜牌饰以绿松石镶嵌出纹饰，有较高的工艺。中期以郑州

◎商代人面鼎

◎商代人面钺

◎乳钉纹爵。二里头文化遗物，河南偃师二里头出土。乳钉纹爵是古人使用的一种酒器，也是中国最早的青铜器之一。

◎商代铜鼓

◎商代青铜双面人像

商代遗址和黄陂盘龙城遗址所出为代表，年代大致在仲丁至盘庚迁殷以前。铜器所出较多，其中礼器种类有鼎、鬲、簋、觚、爵、斝、卣、罍、盘等，比早期大大增加，而胎质一般仍较薄，只有单线条的花纹带。但其中也有像郑州发现的高达1米的方鼎那样需要相当高铸造水平的大型器物。晚期以安阳殷墟所出为代表，年代从盘庚迁殷至商末。此时铜器发展到极盛阶段，数量很多，年代也较可靠。

在商代各门类美术作品中，居于主导地位的是以青铜器为主的工艺美术，青铜器艺术的造型和装饰手法对其它工艺美术门类有重要影响。商代后期，青铜器造型逐渐定型化并发展成为多种造型系列。

商代艺术家所创造的鼎、尊、觚、爵等青铜礼器高度完美的造型在中国工艺美术史上具有永久性的典范意义。一些代表性作品如司母戊鼎、四羊方尊、龙虎尊、犀尊、象尊、豕尊，以及各种样式的尊等，代表着这一时代美术创作的最高成就。

商代的青铜器铭文和甲骨文字成为中国书法艺术的最早代表。

文化小辞典　司母戊大方鼎

司母戊方鼎是商王文丁为祭祀母戊而铸造的祭器，1939年在河南安阳武官村殷墟出土，重875公斤，是中国现存的先秦时期最重的青铜铸件。造型端庄厚重，器身呈长方形，立耳，柱足粗壮，通高133厘米，器口长110厘米，宽78厘米。纹饰华美，腹部饰有兽面纹，耳廓饰有虎食人头纹。腹壁内铸铭文“司母戊”三个字，司通“祠”字，意指祭祀，母戊为文丁母亲的庙号。司母戊方鼎集中表现了殷商时期青铜冶铸业的生产能力和技术水平，是商代青铜文化高度发达的标志，在世界青铜文化史上占有很重要的地位。

根据专家学者的研究结果，该鼎是用陶范铸造的，鼎体浑铸，铸型由腹范、顶范、芯和底座、浇口组成，鼎耳后铸，附于鼎的口沿之上，耳的内侧孔洞是固定鼎耳泥芯的部位。鼎的合金成分为铜84.77%，锡11.64%，铅2.79%，锡铅合计14.43%，较为符合铸造青铜容器硬度的要求。

◎司母戊大方鼎。我国现存先秦时期最重的青铜铸件。

商代学校教育出现

商代的学校分为序、庠、学、瞽宗等。从《孟子·滕文公上》、《礼记·王制》等文献材料估计，商代的序和夏代的序没有多少区别，都具有养老、习射等职能，是讲武习礼的场所。学有“左学”“右学”之分。左学即下庠、小学，位于国中王宫之中；右学为大学，设于西郊。《礼记·王制》中说：“殷人养国老于右学，养庶老于左学。”孔颖达的注疏中称养老在学，目的是宣扬孝悌之道，学习养老之礼。殷商卜辞中的“大学”是指献俘祭祖的场所，且与宗庙的神坛连在一起，以祭祖、献俘、讯馘、养老为主要职能，以教授有关宗教祭典等礼仪知识为主要内容，但不是具有完整意义的现代高等教育机构。殷人重视祭祀、崇尚礼乐，特设“瞽宗”。瞽宗本是乐师的宗庙，用作祭祀的场所。

祭祀中礼乐相附，瞽宗便逐步变成了对贵族子弟传授礼乐知识的机

◎商代记载习武乐教学活动的甲骨文。这块刻在兽骨上的甲骨文，内容是商王命令官员认真教育王族成员“丁酉卜，其呼以多方小子小臣，其教戒”。“戒”字，像人手持戈，本意可有二解：一是持戈警戒，一是持戈而舞蹈；“教戒”当兼指习武与习舞，与殷序习射、瞽宗习乐之说相吻合。

构。序、庠、学和瞽宗表明了商代出现了比较完备的学校机制。甲骨卜辞的发现，证实了商代学校已进行了许多方面的教学活动。如“乎多伊自于教王族”，意即商王命令伊（官名）认真负责地教育王族成员。又如“丁酉卜，其呼以多方小子小臣，其教戒”，指商王朝对已臣服的方国子弟（或战俘）进行军事技术和武术训练方面的教育。甲骨文还表明了商代学校已进行了读、写、算教学，出现了作为教材的典册。《尚书·多士》中有“唯殷先人，有典有册”的句子，说明商代学校具有读书写字的教学条件。

据《史记》等文献和甲骨卜辞考证，商代教育具有官师合一的特点，即执掌国家宗法祭典大礼的职官往往也是在学校教授礼乐知识的教师，这种身兼两职的职官和教师统称为“父师”。商代奴隶主贵族为了培养自己的子弟，巩固奴隶制国家的统治，建立了序、庠、学、瞽宗等学校，教师由国家职官兼任，教学内容以宗教和军事为主，此外还有伦理和一般文化知识。

“六艺”教育初露端倪，为西周时期的教育开辟了道路。

天文历法学迅速发展

夏代时，历法已有很大的进步。相传中国最早的历法便是出于夏代的《夏小正》，是通过观察授时的方法进行编制的自然历。

到了商代，大规模的祭祀和占卜，要求掌握准确的祭祀时间和祭祀周期，加之农业生产的进步，社会生活的更高需求，使得商代历法在夏代的基础上进一步发展。

商代的历法是迄今已知较为完整的最早的历法。商代历法为阴阳历，阳历以地球绕太阳一周，即365(1/4)日为一回归年，故又称“四分历”。阴历以月亮绕地球一周，即二十九或三十日为一朔望月。商代用干支记日，数字记月；月有大小之分，大月三十日，小月二十九日。十二个朔望月为一个民用历年，它与回归年有差数，所以阴阳历在若干年内置闰，闰月置于年终，称为十三月。季节与月份有大体固定的关系。商代每月分为三旬，每旬为十日，卜辞中常有卜旬的记载，又有“春”“秋”之称。一天之内，分为若干段时刻，天明时为明，以后有大采、大食；中午为中日，以后有昃，小食、小采。旦为日初出之时，朝与大采相当，暮为日将落之时。对于年岁除称“岁”、

"祀"之外，也称作"年"。

商代天文学中许多天象在卜辞中均有记载，如"日月有食"、"月有食"，在日食时并有"大星"等现象出现，可见对日、月食的观察之精细。卜辞还记载了观察到的"大星"、"鸟星"、"大火"等，不仅有恒星，还有行星，后世的二十八宿中的一些星座名亦见于卜辞，卜辞中"有新大星并火"，即是说接近火星有一颗新的大星。当时已有立表测影以定季节、方向、时刻的方法，卜辞的"至日"、"立中"等，就是这方面的记载。

◎商代日蚀甲骨文。早于巴比伦的可靠日蚀记录。

商代观测天象与观察气象是相联系的。由于农业、畜牧业以及田猎等活动的需要，对气候的变化特别予以重视。卜辞中记有许多自然现象，"启"、"易日"为天晴，"晕"为出现日晕。记录自然界变化的有风、云、雨、雪、雷、虹、霖、雹，风有大风、小风、骤风。卜辞中还有祭东南西北四方风神的名称，如协（和风）、微（微风）、彝（厉风）。记录雨量的有大雨、小雨、多雨、雨少、雨疾、从雨、丝雨、延雨、雨。商人不止对一日之内，并且对一旬、数旬及至数月的气象变化进行了连续的记录。

商代天文历法的进步为后世留下了宝贵的经验。

武丁中兴

盘庚迁殷后，商的政治、经济和文化都有很大的发展，武丁时达到商王朝最强盛时期。

武丁在傅说和甘盘等众大臣辅助下，国家日益兴盛，于是不断征战四方。

◎武丁像

◎商代两马牵拉战车模型。先秦时期兵车，一般为独辕两轮，从两马牵拉演进为一车四马。

◎商代车马坑

◎征射手甲骨文。商代征战是每乘战车有一名弓箭手。征三百名，说明已达三百乘。

鬼方是殷代北方草原地区的游牧部落，曾频频骚扰殷人统治区，武丁亲自率军征讨，三年平定。工方是殷北方另一游牧部落，在盘庚迁殷前，工方趁殷王室“九世之乱”之机，迅速扩展势力。为了掠夺更多的生活资料，工方不断向南游移，骚扰商朝属国，并屡屡深入商王畿西郊大肆抢劫，严重威胁着商王朝的统治。武丁于是命武将禽和甘盘率军征伐，通过十几年征讨，终于平服工方，工方之地就此归入商朝版图。土方是殷代北方距离商王畿较近的又一部族，经常侵夺商地居民，曾进入商东郊劫掠两个居民聚落，武丁在征伐工方过程中，用两三年时间消灭了土方，土方居地也成为商朝领土。羌族是西部地区的古老部落，或称西羌，分为羌方、羌龙、北羌、马羌等。武丁对西羌多次进行征伐，所获战俘，多作“人牲”，充作祭祀鬼神的牺牲。商朝南方地区有众多方国、部落，江汉

流域的“荆楚”是其中最强大的方国之一。

相传，武丁曾率商族武士，深入荆楚险阻之地，掳获其众，荡平其地，江汉流域也成为商朝版图的一部分。大彭和豕韦均为商朝诸侯国。商王河亶甲时，两国势力大增，不甘俯首听命于商，拒绝纳贡，也为武丁所灭。

随着战争的不断胜利，商王朝的势力在西、北、东、南急剧扩张，达到商朝的最高峰。史称“武丁中兴”。

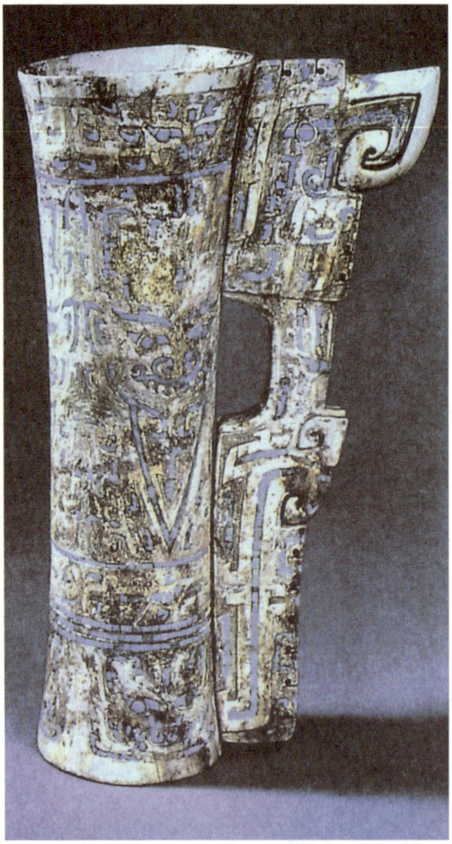

◎妇好墓出土象牙杯。妇好为武丁之妻。此杯通体雕刻精细的饕餮纹，并镶嵌绿松石，是古代象牙雕刻的杰作。

商朝甲骨文鼎盛

甲骨文是指殷墟出土的刻在占卜用的龟甲兽骨以及一般兽骨和骨角器上的文字，是商代通行的字体，又称“契文”、“卜辞”、“刻辞”、“龟甲文字”、“殷墟文字”等。

商朝灭亡后，甲骨文鲜为人知，直到清光绪二十五年（1899年），清代古文学家王懿荣才认识到商代后期王朝遗址殷墟（今河南安阳市西北小屯村）出土的甲骨上的契刻文字是一种比西周金文还要早的文字。1928年至1937年，中央研究院历史语言研究所在殷墟进行了大规模的发掘，获得大量的甲骨文，特别是1936年第13次发

◎商代祭祀狩猎涂朱甲骨文。商王武丁时期牛胛骨记事刻辞，骨片巨大完整，正反两面刻辞，共有160余字。

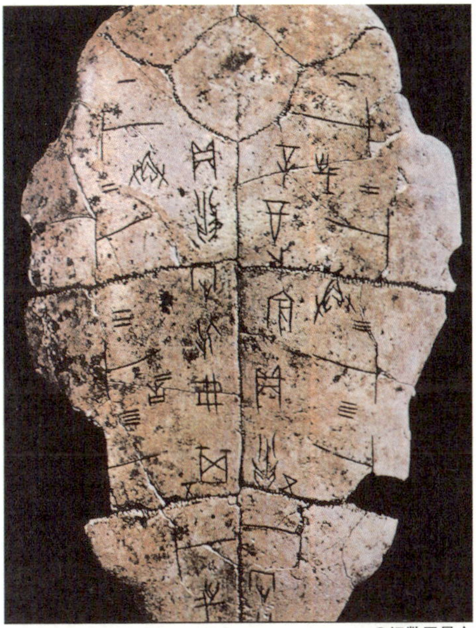

◎记数甲骨文

掘的127号坑，出土了甲骨17096片，成为甲骨出土最多的一次。1949年新中国成立后至今，除在安阳殷墟外，又在郑州、洛阳等地发现了甲骨文。到目前为止，已出土了15万片以上甲骨。

从书写的工具、书法的技巧看，甲骨文也达到成熟的地步。卜辞大多为刀刻，有些仅有横笔或竖笔，表明刻写者对字形的掌握已非常娴熟；其中有朱书、墨书，表明当时已有毛笔，或先书后刻，或刻后填朱墨，大多都是直接刻成。甲骨文的笔画无论是粗是细，都显得遒劲、富有立体感，细而不轻，粗而不重，轻重疾徐表现得当，反映出契刻人对字和刀掌握已相当熟练。在行款上，有左行、右行、直行、横行之别，文字结体自然灵活，布局参差错落；在风格上按时期、书写人的不同，或壮伟宏放，或纤弱颓靡，或严密整饰，都体现了很高的书法艺术。

殷商甲骨文是出自殷人的第一手史料，真实地记录了殷商社会各个领域的历史状况，内容绝大部分与商王室有关，小至商王的梦幻、耳鸣，大至祭祀、征伐、年成，都是以商王或王室为中心。

甲骨文也为古文字学的研究提供了宝贵的资料。学者可以根据甲骨文来纠正以小篆和金文为依据的古代汉字研究中所出现的错误。到目前为止，研究甲骨文的研究论著已达3000多种，它们与甲骨文本身一样，成为中华民族和全人类的共同文化财富。

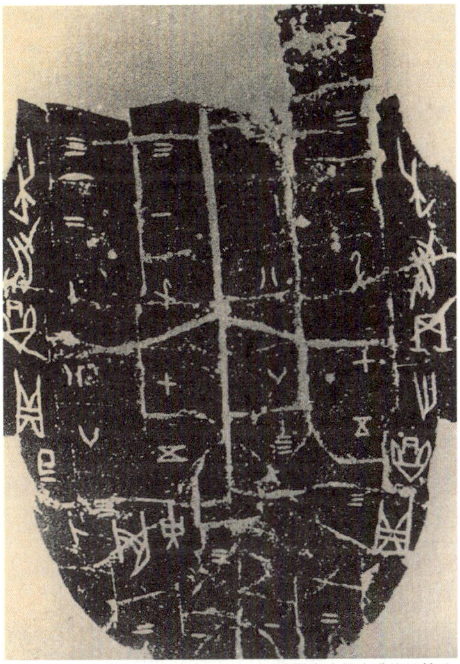

◎甲骨文中的十进位计算法

姬昌被囚·姜太公出山

姬昌在相继灭掉黎、邘、崇，完成对商都朝歌的包围后，将国都由岐山迁至丰（今陕西户县）。

面对周人强大攻势的严重威胁，帝辛（纣王）不得不借机将西伯昌扣押，囚于羑里（今河南汤阴北）。相传姬昌被囚时，曾将八卦演为六十四卦，并作了爻辞、卦辞。

姬昌被囚之后，周大臣太颠、闳夭、散宜生建议利用帝辛贪图享乐、爱美色的弱点，向他献美女名马。果然，帝辛释放了姬昌。

姬昌获释之后，更坚定了推翻商王朝的决心，遇姜太公吕尚，拜为军师。

在吕尚的辅佐下，周境内政悉平，民心大定，河东小国纷纷归附，形成了当时三分天下周人有其二的局面，奠定了武王灭商的基础。

◎姬昌像

逸闻趣事

姜太公钓鱼

一天，周文王乘车带着儿子和兵士到渭水北岸去打猎。

在渭水边，他看见一位老翁坐在河岸上钓鱼。大队人马过去，那位老翁却视而不见，仍旁若无人继续垂钓。文王看他如此淡定很惊讶，就下了车走到他跟前与他攀谈起来。

一番交谈下来，文王得知他叫姜尚（又叫吕尚，“吕”是他祖先的封地），是一位精通兵法的世外高人。

文王喜出望外道：“我祖父在世时曾经对我说过，将来会有个了不起的能人帮助你把周族兴盛起来。原来，您正是我要找的人。我的祖父盼望您已经很久了。”说罢，就请姜尚一起回宫。

老翁捋了捋胡子，跟着文王上了车。

由于姜尚是文王的祖父所盼望的人，所以后来叫他太公望；民间称呼他为“姜太公”。

太公望是周文王的得力助手。他一面提倡生产，一面训练兵马。周族的势力越来越大。

有一次，文王问太公望：“我要征伐暴君，您看咱们应当先去征伐哪一国好？”

太公望答道：“先去征伐密须。”

有人反对道：“密须国很强大，咱们恐怕不是对手。”

太公望说：“密须国君虐待老百姓，早已失去民心，他就是再厉害十倍，也用不着怕。”

周文王发兵密须，尚未开战，密须百姓已先暴动，绑着密须国君归附了文王。

三年后，文王又发兵征讨商朝西边最大的一个属国——崇国（今陕西省沣水县）。

文王灭了崇国，筑起城墙，建立都城，称为“丰邑”。没过几年，周族逐渐占领了大部分商朝统治的地区，归附文王的部落也越来越多。

然而，周文王并没有完成灭商大业。当他打算征伐纣王时，却因一场大病而死。

武王伐纣·商纣亡国

帝乙死后，少子纣继位为王。纣王好酒色，喜淫乐，广建苑囿台榭，宠爱美女妲己，唯此妇言是听，高筑“鹿台”，命乐师师涓作“兆里之舞”、“靡靡之乐”等淫声怪舞，又“以酒为池，悬肉为林”，通宵达旦饮酒作乐，不理朝政，不祭鬼神，成为罕有其匹的昏君。

纣王淫乱日甚一日，他的庶兄微子不忍坐视国家灭亡，苦劝纣王而不得，只好逃离王朝，隐居民间。纣的叔父箕子对纣的暴政早有不满，装成疯子，混于奴隶之中。纣发现后，命武士将其囚禁。

纣的叔父比干眼见微子逃隐、箕子佯狂为奴，痛心疾首。同时又觉得他们未能尽到人臣之责，认为人主有过错而不劝谏，就是不忠；怕死而不敢进谏，就是不勇。于是他以死相争，接连三日苦苦劝谏纣王，不肯离开一步。纣恼羞成怒，下令杀比干，剖腹取心，声称要看圣人的七窍玲珑心。

纣王已众叛亲离，彻底孤立，周武王见伐纣时机成熟，于是遍告诸侯：殷有重罪，不可不征伐。而后亲率大军，与各地赶来的诸侯会合，历数纣王罪行，声称要“恭行天罚”。

武王十一年（前1066年）二月甲子日晨，周率领的诸侯之师到达距朝歌只有七十里之遥的商郊牧野，庄严誓师。纣王闻讯，匆忙调集大军开赴牧野，与武王对阵。纣王之师远远多于武王，但因纣王暴虐无道，遗弃骨肉兄弟，任用奸人，残害百姓，双方一开战，纣王军队便倒戈转向纣王。武王乘势指挥军队冲入敌阵，纣军全线崩溃。纣王逃回殷都，登上鹿台，以四千多块宝玉环绕周身，然后自焚。武王率大军进入朝歌，百姓们列队欢迎仁义之师。

武王对纣尸连射三箭，然后下车，用剑击之，再用黄钺砍下纣首级，悬于大白之旗示众。

至此，商王朝从汤到纣，历十七代三十王（不包括汤长子太丁），四百九十六年。商王朝宣告灭亡。

◎商代奴隶陶塑

◎牧野之战。奴隶倒戈。

◎商代羊首短剑

小人物辞典

妲己

◎商代后期龙形玉佩。通体作龙形，张口露齿，尾卷。这类圆雕玉佩，在商代玉器中极为少见。

妲己，有苏氏，姓己，字妲。

商纣王征服有苏氏（今河南省武陟东）。有苏氏献美女妲己。纣王贪恋妲己美色，对她言听计从。妲己喜欢歌舞，纣王便令乐师师涓创作靡靡之音，妲己伴着音乐翩翩起舞，妖艳迷人，纣王沉湎其中不能自拔。

从此纣王荒理朝政，日夜宴游，欢饮达旦，在卫州（今河南省淇县）设“酒池”，悬肉于树为“肉林”，每宴饮者多至三千人，令男女裸体追逐其间相互打闹，放纵不羁。九侯（封地在今河北省临漳）有一位女儿美艳异常，应召入宫，因看不惯妲己的淫荡而被杀，九侯也遭“醢刑”，剁成肉酱分给诸侯。妲己喜观“炮烙之刑”，纣王于是将铜柱涂油，燃以火炭，令犯人行其上，跌落火红的炭中，烫死者不计其数。妲己听犯人惨叫，恣意大笑。纣王为博得妲己一笑，不惜滥用重刑，暴虐无道，激起了人民的强烈不满。

周武王乘机发动诸侯伐纣，在牧野（今河南省淇县南）一战中大胜商军，一举灭商，纣王逃到鹿台自焚，妲己自缢而死。

后世常将亡国之君的过失与女色联系起来，称为“红颜祸水”。夏之妺喜、商之妲己成为万世唾骂的对象，遗臭万年。

小人物辞典

比干

◎鸟纹戈。商代后期文物，由三戈成组，上有铭文。内容为祖、父、兄各世庙号，当为古人祭祀时的仪仗用器。

比干（约前1092年～前1029年），子姓之后，商王太丁之子，名干。商朝沫邑人（今河南省卫辉市北），中国古代著名忠臣，被誉为“亘古第一忠臣”。

比干自幼聪颖，勤奋好学，二十岁就以太师高位辅佐帝乙，又受托孤重辅帝辛。

比干从政四十多年，主张轻徭薄赋，鼓励发展农牧业生产，提倡冶炼铸造，富国强兵。

商末帝辛（纣王）暴虐荒淫，横征暴敛，比干叹道：“主过不谏非忠也，畏死不言非勇也，过则谏不用则死，忠之至也。”遂至摘星楼强谏三日不去。纣问何以自恃，比干曰：“恃善行仁义所以自恃。”纣怒叱道：“吾闻圣人心有七窍，信有诸乎？”遂杀比干，剖其心。

比干为忠义而死，终年63岁。其节义传颂千古，青史流芳。

西周

大事纪

●约公元前11世纪
武王灭殷建周，西周时期开始。

●公元前841年
国人暴动，共和行政。我国历史开始有确切纪年。

●公元前771年
犬戎攻入镐京，周幽王被杀，西周结束。

周武王封邦建国

武王元年（前1046年），周王朝正式建立。

牧野之战后，武王进入商都，分商的畿内为邶、鄘、卫三国，以邶封纣子禄父（即武庚），鄘、卫则由武王之弟管叔鲜、蔡叔度分别管理，合称三监（一说管叔监卫、蔡叔监鄘、霍叔监邶，以监视武庚）。随后派兵征伐尚未臣服的商朝诸侯，据记载，共征服99国，臣服652国。

克商后，武王还师西归，在他新迁的都邑镐京（即宗周，今陕西长安西北沣水东）举行盛大典礼，正式宣告周朝的建立。

周王朝建立后，面临的政治形势相当严峻，武王以“小邦”之君统治如此大的区域，担心诸侯叛乱。为了巩固政权，适应新形势的需要，武王决定按功行赏，调整统治集团的内部关系，实行以周王室为中心的分封政治制度。

◎西周营建东都洛邑图

◎西周都城遗址

小人物辞典

伯夷、叔齐

伯夷、叔齐，均为商代孤竹国（今河北卢龙南）国君之子。国君欲传位于幼子叔齐，叔齐认为应该由长兄伯夷即位方合于礼，便将君位相让。伯夷认为叔齐继位是父亲之命，为人子者应该顺从父命，执意不肯即位，不久出逃回避。叔齐依然不肯即位，也出逃避位。国人只得立国君中子为王。

伯夷、叔齐听说西伯姬昌敬老尊长，相携投奔。入周时，西伯已死。武王正用车载着西伯牌位，率师征伐殷纣。他们拦住武王，叩马进谏，认为父死不葬而大动干戈，是为不孝；周为殷之臣，以臣伐君，是为不仁。因此，他们坚决反对伐纣。武王左右随从要杀他们。太公望说这是仁义之人，命人将他们扶走。

武王灭商后，天下都拥戴周的统治。伯夷、叔齐认为周不仁不义，再食其粮是耻辱，遂隐居于首阳山（今山西永济南），拒不食周粟，以野菜为生，后被人以“不食周粟，为何食周野菜”嘲讽，乃绝食而死。

伯夷、叔齐被后世奉为节义的代表，传颂千古。

◎伯夷像

成王年幼·周公摄政

周成王元年（前1042年），太子诵继位，是为成王。成王年幼，曾辅佐克商的武王之弟周公旦摄政。

管叔、蔡叔怀疑周公将篡取王位，散布流言，武庚也谋划复国，与管、蔡联合叛周，纠集徐、奄、薄姑和熊、盈等方国部落作乱。周公奉成王命东征，经过三年战争，终于平定叛乱。武庚和管叔被诛，蔡叔被流放。为了消弭殷商残余势力叛周的隐患，周朝首先命令诸侯在伊洛地区合力营建新邑，即周朝的东都洛邑（成周）。东都既成，遂迁曾反对周朝的“殷顽民”于此，加以控制。同时，封降周的商贵族微子于商朝故都宋地，以代殷商之后；封武王少弟康叔于纣都，成立卫国，赐以殷民七族；

◎周公像

封周公长子伯禽以奄国旧地，成立鲁国，赐以殷民六族。

这样，殷商余民遂被分割，逐渐服从于周朝的统治。

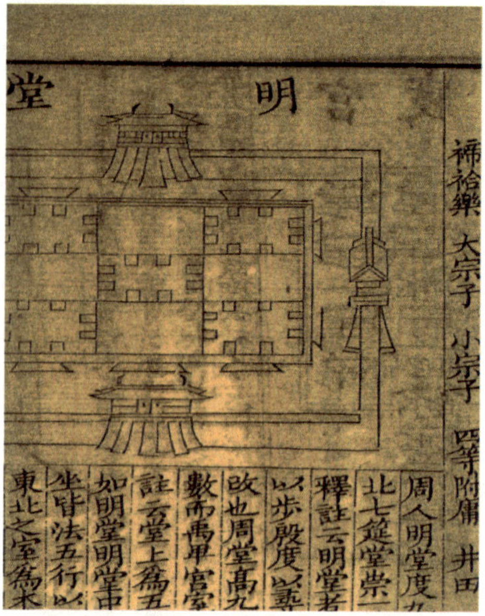

◎周朝明堂礼制

周公姬旦奠定周礼

西周初年，实际掌握周朝大权的摄政周公姬旦制定了完整的周礼系统，成为西周及东周数百年间占统治地位的国家体制，并决定了人们的生活方式。这套周礼体系将商人的宗教、政治制度和周民族自己的宗族、政体、信仰传统融为一体，将新石器时代以来中国大地上的以上帝天命为主导、以宗族宗法为基础的文化发展到了顶峰，形成了青铜时代中华文明的古典形式。

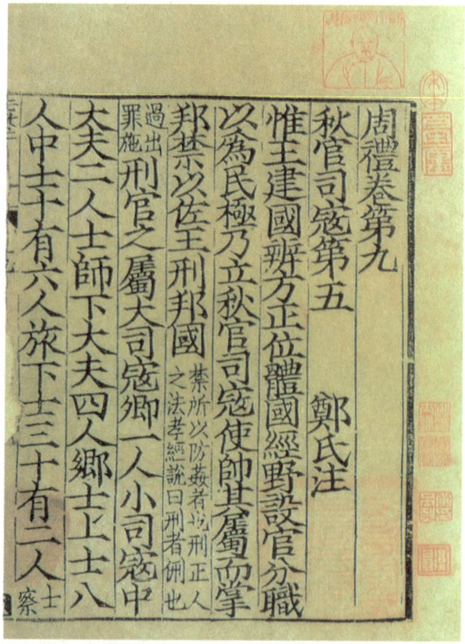

周禮卷第九

秋官司寇第五　鄭氏注

惟王建國辨方正位體國經野設官分職以為民極乃立秋官司寇使帥其屬而掌邦禁以佐王刑邦國禁所以防姦者也刑正人之法孝經說曰刑者侀也過出罪施刑官之屬大司寇卿一人小司寇中大夫二人士師下大夫四人鄉士上士八人中士十有六人旅下士三十有二人士察

◎《周礼》书影

周礼的思想基础和核心是天命观，天命是周民族的重要贡献。它与殷商民族的上帝有着明显的联系，但也有着本质的不同。周民族的天与上帝一样是有意志、感情，关涉人间事物并且决定人们行为的人格神，在一些周人的文献中甚至天与上帝合称而不分。但周礼天命观的本质是德，德是人的行为，“以德配天”是天人交合的方式，这就与殷商民族求天、祭天、问天的一元决定论有了区别。

在天命论基础和德的伦理观念之外，是一整套严格的社会制度。周人的礼是政治、宗法制度的一部分，是从这个制度派生来的人们的关系的规范，周人的政治、宗法制统一表现为宗法制与分封制。宗法制度是规定同一祖先的后世子孙，即同一宗族内部成员间的亲疏、等级和世袭权利的制度。其中嫡长子继承制是以嫡长子为全宗族的大宗，旁系庶子为小宗。历世的周天子都以嫡长子的身份继承父位为天子，奉戴始祖，成为姬姓宗族的“大宗”，其同母弟与庶兄弟受封为诸侯，是为“小宗”。

在诸侯国内，也根据这一原则，由嫡长子继位为下一代诸侯，成为封国内的“大宗”。其诸弟则被封为卿大夫，是为“小宗”。卿大夫在自己的采邑内也实行嫡长子继承制，成为采邑内的“大宗”，其诸弟则为士，是为“小宗”。士的长子仍为士，其余诸子则降为庶人。

与此同时，周初进行了大分封，周天子将其子弟、亲戚、功臣等分封到全国各地，并授予相应的土地和人民，在分封国中，以周王室同姓贵族为主，其中尤以文王、武王及周公的子孙为多，非姬姓的齐（姜尚）、宋（微子）等也与周王室关系密切。

宗法制与分封制决定了周代政治和社会生活的格局，它将天命、君权、宗族关系与政治结构融为一体，并由此形成了完善的朝聘会同的礼制和雅乐体系，在新石器时代开始形成的中华文明在青铜时代的鼎盛期达到了完美的形式。

小辞典 人物

周公旦

周公旦，姓姬，名旦，字不详（根据先秦实际情况，男子不称姓，女子不称氏，故而不能将姓名连读），周文王第四子，周武王同母弟，母亲太姒。氏号周，爵位公，因此被称为“周公旦”。生卒年不详，享年六十多岁。

文王时期受封周原，成为第一位周公，其后裔世袭周公之爵称。西周时期著名政治家、军事家、思想家、教育家，被尊为“元圣”，儒学先驱。因采邑在周，称为周公。武王死后，其子成王诵年幼，由周公摄政当国。武王死后，其胞兄管叔、蔡叔和霍叔等人勾结商纣的儿子武庚禄父和徐、奄等东方夷族反叛，他奉命出师，三年后平定叛乱，并将势力扩展至海。后营建东都，制礼作乐，还政成王，在巩固和发展周王朝的统治上起了关键性的作用，对中国历史的发展产生了深远影响。

周公不仅是卓越的政治家、军事家，而且还是位多才多艺的诗人、学者。相传他制礼作乐，建立典章制度。其言论见于《尚书》周书诸篇，被尊为儒学奠基人，也是孔子最崇敬的古代圣人，《论语》中子曰：“甚矣吾衰也！久矣吾不复梦见周公。”

◎周公测景

雅乐成为官方礼乐

周朝建立使奴隶制经济空前发展，音乐文化显著提高。西周初期的统治者建立起中国历史上完整的宫廷礼乐制度。统治阶级在宗教、政治等仪式典礼中所用的音乐和乐舞，后世称为“雅乐”。雅乐的黄金时代在西周，到春秋时期已渐趋衰落。

雅乐的始祖是周武王姬发，在他兴师伐殷的过程中，军中常表演歌舞以鼓舞士气，灭殷后又作了《象》和《大武》等大型歌舞庆祝胜利。公元前11世纪周成王姬诵在位时，制定各种贵族生活中的礼仪和典礼音乐，以此来加强宗法制社会的等级制度，巩固王权。后继的统治者把礼、乐、刑、政并列，使音乐的社会功能与政治和法律等统治手段结合在一起，成为贵族统治的支柱。据《周礼》、《仪礼》、《礼记》等古籍记载，西周各种贵族礼仪应用雅乐的场合有：一、祭祀；二、宴飨；三、射礼；四、军事演习和军功庆典。显然，雅乐是为维持统治阶级内部秩序而设立，普通百姓与之无涉。

周王室为了推行雅乐，设置了专门机构大司乐，掌管音乐行政和贵族子弟的音乐教育，目的是培养大批音乐专职人员，承担各种仪式典礼的表演任务，贵族子弟受教育的内容规定为“四术”，即诗、书、礼、乐。

◎西周井叔钟

西周成熟的礼乐制度和音乐教育体系，使贵族和知识阶层普遍重视音乐修养，将其视为日常生活要素之一，这对于巩固奴隶制宗法统治和积累音乐艺术实践的经验，发展乐器、乐制等音乐文化方面大有裨益，西周礼乐制度和音乐教育体系的完备和成就在当时的世界上是首屈一指。但其严格的社会等级制度，礼的呆板森严，严重束缚了音乐艺术本身的发展，阻碍了音乐审美的大众化，因而雅乐的制度和体系随着周朝中央政权的瓦解而衰落，形成春秋时期“礼崩乐坏”的局面。

中国宗庙祭祀体制在周代设立

宗庙祭祀在周代成为国家政治生活的一项重要内容，产生专供祭祀使用的建筑群并且建立规范祭祀活动的礼仪制度，形成一套完备的宗庙祭祀体制，为历代封建王朝沿用和发展。

根据周代礼治主义的观念，没有这套祭祀宗祖和社稷的活动和场所，国不成其为国，君不成其为君，废祭祀甚至可以成为被讨伐的理由。因此每个帝王都把礼制建筑置于最突出的位置，给予最隆重的处理。这类建筑追求典雅、纯正，不加浮饰，显得庄重而神秘。

周代礼制建筑非常严谨，帝王的祭祀活动都有严格规定。祭祀天地是王朝政治活动的重要内容，周代规定祭天是帝王的特权，诸侯只能祭地。祭天地要在都城之外的郊进行，方位与阴阳相配，祭天于阳位南郊，祭地于阴位北郊。帝王祭祀祖先在宗庙建筑——太庙进行，太庙按周制被置于都城宫殿建筑群的左前侧。祭祀社稷反映我国古代以农立国的社会性质，社代表土地，稷代表五谷，社稷成为国家的代称。祭祀社稷在社稷坛进行，其总体形制与太庙相反。除祭祀天地、社稷和宗祖外，国君即位和出盟也要举行大祀，象征性地表明国君的统治权力来自祖先神灵。这些祭祀活动不仅表达对天地和祖先的崇敬和感恩，它还起着治国安邦、抚慰民心的作用。宗庙祭祀不同于宗教崇拜，带有很强的政治色彩。中国古代奴隶社会对神的崇拜从一开始就兼有祖先崇拜的意义，宗法血缘关系直接构成周代社会基础。

周代设立的宗庙祭祀体制，以宗法原则为依据，适应周人祖先崇拜的观念，把祭祀活动贯穿在国家政治生活中，客观上起了教化民心、淳化民风的作用。由帝王亲自主持祭祀大

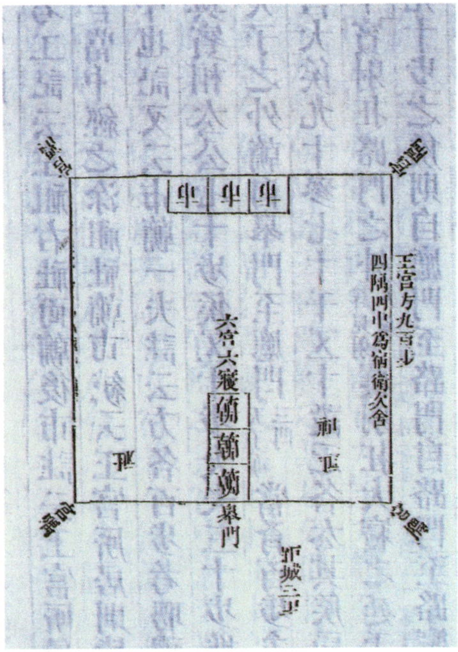

◎周代宫室图。《考工记》中有“左祖右社，前朝后市”的记载，宫图中明确表示出左祖（太庙）右社（社稷坛） 的布局，说明修建明代宫城时仍严格按《周礼》的要求设计。

典，国君独揽祭天的大权，这种思想在周代宗庙祭祀体制中的反映，体现了神叔与皇权的统一。

周代设立的这套宗庙祭祀体制，作为礼治思想的外化，使宗法观念和礼治意识在一代人头脑中固定下来，并且一代代延续，影响了几千年来中国社会和中国文化的发展。

六艺教育的形成

西周在继承商代教育体制的基础上，建立起典型的政教合一的古典教育官学体系，形成当时先进的六艺教育。

据文献记载，西周官学分为国学和乡学，国学专为贵族子弟设立，设在王城和诸侯国都，分小学和大学两级，小学在城内宫廷中，大学在南郊。乡学则按地方行政区域，州设序，党设庠，闾里设塾，乡设校。乡学教育对象是地方普通贵族子弟及致仕退居乡里的绅士乡官子弟，乡学的优秀生可升入西周国学教育内容以礼乐为中心，附以射、御、书、数的六艺教育。

六艺中的射御是培养武士的军事技术训练，西周礼法中规定士子要习“五射”（白矢、参连、剡注、襄尺、井仪），学“五御”（鸣和鸾、逐水曲、过君表、舞交衢、逐禽左）。射御是一种综合性的教育，包括道德情操、内心志向和技艺的培养。当时射最受重视，射艺的高下常作为士子奖励、提升的标准。贡士也要经过射礼考核才定优劣。书数是有关读写算的知识教育，主要在小学阶段讲授，称为小艺，而射御在大学阶段学习，称为大艺；礼乐之教，是最高境界的道德学问，是学为人君、治理天下必备的修养，故称为大道、大德。

西周六艺教育的特点是学在官府、官师合一，教师既行教又兼管国家事务。西周的学校均为官办，执教者也为现任官吏。中国古典教育在西周已初具规模。西周晚期，奴隶制统治开始动摇，到了春秋战国，封建经济不断发展，周王室势力日渐衰微，出现了“礼崩乐坏”的局面，兴起学在四夷的私人自由讲学的风气，贵族官学从此走向衰落，中国古代教育的一次重大改革即将来临。

◎西周旂觥。盖前端为羊首，额上加小兽首。盖面起扉棱，前有伏龙，两侧饰以夔纹，后端为饕餮纹。器口下饰顾首夔纹。兽器腹及圈足为方形，腹饰饕餮纹，足饰顾首夔纹，扉棱七道。

小文化辞典

《周易》

《周易》，也称《易》，成书于周代初期，是先民和古代卜筮之官长期积累的卜筮记录。汉代人通称为《易经》，中国儒家典籍，六经之一。

“易”字，一说为“简易”之义；另一说为“变易”之义；而“周”字有人说是指周代人的筮法，但又有人说是指周遍之易，即探求普遍的变易法则。汉代人所说的《周易》，包括经传两部分，传是对经的解释。关于《周易》的成书，过去传说伏羲画八卦，周文王将八卦推衍为六十四卦。

《易经》的具体内容，是由八卦推衍为六十四卦的兆象符号（即卦图）部分和六十四卦卦名、卦辞，以及三百八十四爻和爻辞语言部分所组成。卦图的结构，是由称作阳爻的“——”和称作阴爻的“- -”这两个基本符号组成，三行一组排列而成八个“经卦”，即乾、坤、震、巽、坎、离、艮、兑。又由八个经卦两相重叠组合成六十四个“重卦”，如乾卦、坤卦、屯卦等等。这些卦象是占卜判断吉凶的主要依据，它们各有卦辞、爻辞加以说明。

卦辞和爻辞的内容大致有三类：一是讲自然现象的变化，二是讲人事的得失，三是判断吉凶的辞句。

《易经》虽属卜筮之书，笼罩着神学迷信，但在其神秘的形式中蕴含着一些合理而深刻的思维和观念。八卦的制作，原是自然界物质现象的概括和象征。现在认为易卦中的阳爻“——”和阴爻“- -”两种基本符号的最初含义是来源于一、六、七、八等几个数字。中国历史上最早反映阴阳的观念，就是通过《易经》的卦爻表现出来的。

八卦是象征着由阴阳构成宇宙物质世界的八种基本成分，而万物都是由它们所衍生出来的，由此可知《易经》中蕴含了朴素唯物论和无神论世界观的萌芽。《易经》的六十四卦由三十二个对立卦组成，这反映了古人们从对自然与社会矛盾运动的长期观察中，萌生了对立统一的思想，体现了中国古代辩证法思想的萌芽，因而在中国哲学史上占有重要地位。

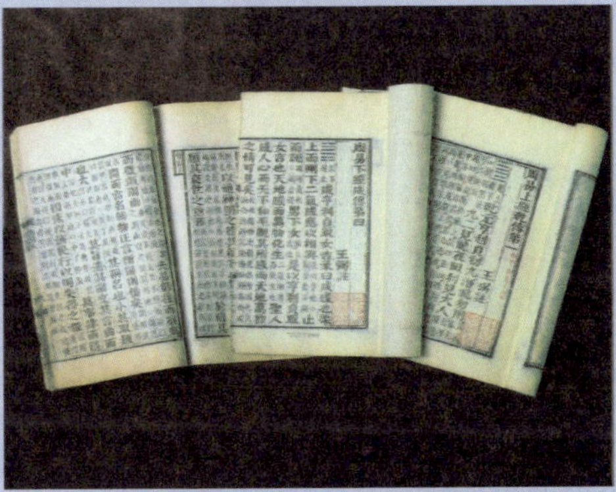

◎《周易》书影

周朝分封诸侯

西周分封诸侯，在武王时即已开始，但大规模分封是在成王及其子康王（名钊）的时期。据传周初所封有七十一国，其中与周王同为姬姓的占四十国。王季之兄太伯、仲雍的后人封于吴（今苏州），文王之弟虢仲、虢叔分别封于东虢（今荥阳东北）、西虢（今宝鸡东）；文王之子分别封于管（今郑州，早灭）、蔡（今上蔡西南）、猿（今汶上西北）、霍（今霍县西南）、卫（今淇县）、毛（今地未详）、聃（今荆门东南）、郜（今成武东南）、雍（今修武西）、曹（今定陶西）、滕（今滕县西南）、毕（今咸阳西北）、原（今济源西北）、酆（今长安西北）、郇（今临猗西南）。

◎西周虢国贵族墓地的大型车马殉葬坑群。车马多寡是国力与身份地位的重要标志。

◎康侯爵。康侯始封于康。

武王之子分别封于邘、晋（始封在今翼城西）、应（今平顶山）、韩（今河津东北）；周公之子分别封于鲁（今曲阜）、凡（今辉县西南）、蒋（今固始西北）、邢（今邢台）、茅（今金乡西北）、胙（今延津北）、祭（今郑州东北）；召公之子则就封于燕（今北京）。此外，还有许多异姓诸侯国，如姜姓之齐（今临淄北）、子姓之宋等。

西周分封，是以宗法血缘关系为纽带，以周王室为中心的分封政治制度，从而建立起了周天子统辖下的地方行政系统。周初所封诸侯，均由中央控制。成王之时，周公、召公是朝中最重要的大臣。自陕以西诸侯由召公管理，以东诸侯由周公管理（周公死于成王在位时，召公则活到康王的时代）。

康王之世，周曾命诸侯对边远方国进行武力征讨，以开疆拓土，征服四夷。

成康时期，周朝最为强盛。

昭王南征不返

西周初年，南方的楚臣服于周，并定期进贡祭祀用的“苞茅”。但是，周王视其为蛮夷之国，轻蔑待之。其后，楚人积极扩展势力，威胁到周王朝封在汉水以北诸侯的利益，周楚矛盾进而激化。成王以后，双方交战不息。

昭王瑕继位后，他欲继承成康事业，继续扩大周的疆域，于昭王十六年（前980年）亲率大军南征楚荆，经由唐（今湖北随县西北）、厉（今湖北随县北）、曾（今湖北随县）、夔（今湖北秭归东），直至江汉地区。南征共经三年。昭王班师渡过汉水时，相传当地人以用胶粘接的船乘载昭王，到中流船体分解，昭王溺死，全军覆没，使周朝蒙受前所未有的损失，周朝自此大为衰落。

穆王征犬戎·造父献八骏

穆王元年（前976年），昭王之子穆王满继位，在位长达五十五年。他好大喜功，仍想向四方发展。穆王十二年（前965年），因游牧民族戎狄不向周朝进贡，于是西征犬戎，获其五王，并把戎人迁到太原（今甘肃镇原一带）。

穆王好游行，致使朝政松弛。东方的徐国率九夷侵周，甚至西至河上。穆王南征，通过联合楚国的力量，才得以平定。

造父是赵国的始祖。造父的先人以擅长养马驾车而著称，中衍曾为商王大戊驾过车。造父受宠于周穆

◎西周薛师戟

◎西周盠驹尊。铭文记器主在周王执驹时受赏。

王，因而精心挑选八匹毛色相配、力量整齐的骏马，加以调驯，名为“骅骝”、“绿耳”等，献给周穆王。穆王乘坐八骏马所驾之车，造父为驭，西行至西王母之邦，乐而忘返。

后世流行穆王西征的故事，如晋代汲冢出土战国竹简《穆天子传》所载，虽多不真实，但反映了当时穆王意欲周游天下，以及与西北各方国部落往来的情形。

西周新型土地制度井田制普及

井田制是由原始氏族公社土地公有制发展演变而来的一种土地制度，据《孟子》等古代文献记载，它存在于西周以前一个相当长的历史时期，但直到西周才臻于完善，这一制度因耕地划作井字形块状而得名，其特点是实际耕作者对土地无所有权，而只有使用权。

西周时，每长、宽各一里（周里）的土地称一井，每井计有土地900亩，8家农户耕种其间，中间百亩为公田，8家合种其中一部分为公用菜地、住宅地等。其余800亩每户各分种100亩，这就是《孟子》中所载的八家共井说。而《周礼》则以九夫为井，方一里为一井，方十里为“成”，即百井；方百里为“同”，即一万井，构成井田体系。因而井田制大致可分为两个系统：八家为井而有公田与九夫为井而无公田。

在井田制下，凡遇须休耕轮种的土地，或土地质量相差悬殊，可据情调整各农户土地分配数额，甚至有时土地在一定范围内实行定期平均分配。成年农民，按一夫百亩的标准受田，至老死归田，对土地只有使用权，因此田地不能买卖。

井田制下劳动者的经济负担除田地税以外，还有赋。田地税不仅要缴纳地产实物，还要向领主以耕种公田的形式提供劳役地租。赋是军赋，军队的装备连同士兵的服役合在一起的统称，它既有一部分以劳役支付，

◎西周时代的汲水具

又有一部分以实物支付，因此井田制下受田的夫，也就是战争服兵役的丁壮，作战所用的器械、粮食、草料、牲畜，也由国家按井数来规定。

井田制是奴隶制度下的井田组织内部由公有向私有过渡的产物，其存在是以土地一定程度上的公有作为前提的。

西周中期，土地在长期占有的情况下很容易转化为个人私有，贵族之间已出现土地交易现象，土地的个人私有制在贵族之间已经出现。春秋时期，晋国的“作爰田”，鲁国的“初税亩”等，也都是在事实上承认土地个人私有制普遍存在的情况下进行的改革，井田制逐渐趋于瓦解。

前350年，商鞅变法，废井田，标志着井田制的崩溃。但这种均分共耕之法对后世的影响却极为深远。

周封秦为附庸

周孝王六年（前886年），秦被封为附庸之国，号秦嬴，为秦国始祖。周孝王（前891年～前886年）时，秦人先祖居于犬丘（今天水），首领为非子。秦人善于养马及其他牲畜。周孝王闻悉，将非子召到汧水与渭水之间（今陕西扶风和眉县一带），使之为王室养马。马果然养得好，繁殖得多，为奖励非子，孝王想让他做大骆的嫡嗣。但是，申侯之女是大骆之妻，已经生子，并立为嫡嗣。由于申与大骆联姻，西戎各部都服从周王室，因此，申侯反对立非子为嫡嗣，并向孝王陈述利害关系。

◎西周记载册命赏赐内容的大盂鼎

孝王听后改变主意，于孝王六年（前886年）封秦为附庸之国，让他在“秦”建造城邑。孝王对非子说：“古时伯益为舜驯服鸟兽，成绩卓著，被赐以嬴姓和封土。你们作为他的后代，也为我养马，就继承嬴氏的宗祀吧。”

从此，秦嬴成为其正式国号，为秦国始祖。

后宫制度和宦官制度全面建立

后宫制度，是中国古代帝王的内职机构和组织形式，主要由后妃、女官、内侍、宫省等制度构成。

自夏朝开始，中国历史上“家天下”的局面已形成。随着王位传子的继承制，尤其是形成和确立嫡子继承制，等级分明、身份有别的后妃嫡庶制度也随之建立起来。到周朝时，传说开始制定正后、三夫人、九嫔、二十七世妇、八十一御妻，共121人的后妃制度。

从西周至战国所出现的后、妃、夫人、嫔、世妇、女御、姬、八子、女史等后宫名号看，后宫嫡庶制度十分严格。秦灭六国后，规定“帝母称皇太后，祖母称太皇太后，嫡称皇后，妾皆称夫人”。除后妃外，后宫制度中还有其他人员：一是女官，因按传统规定，皇帝治理国事，为“天下之父”；皇后治理内事，为“天下之母”。为了使皇后能“母仪天下”，设置一些官属辅助皇后治理内事，也是增强皇家威仪的一种措施。二是内侍，是皇帝及后妃的侍奉官，专门为君主和后妃的生活服务。三是宫省，宫省是皇宫的建筑形式，统治者建筑宫省的本义是崇宫室以威四海。

◎西周蚌雕人头像

宦官制度是皇宫中专用宦官侍奉帝王及其家族的制度。宦官是指经过阉割，失去正常性能力后进入皇宫侍奉皇帝及其家族的男性官员。宦官制度建立于周代，《周礼》中对带有各种职衔的宦官的人数、职掌已有明确的记载。这时宦官人数不多，是家臣的一部分，主要负担看守宫门、传达命令、侍奉起居等杂役，地位低贱。但由于宦官常侍君侧，容易得到君王的宠信，甚至参与政治。秦汉时，随着君主专制制度的加强，君主对宦官的任用已越出宫廷杂事范围，使其正式进入政治领域。如秦朝宦官赵高任中丞相，总揽朝政，策动废立。但从制度上来说，宦官仍属少府，要受大臣的监督。东汉以后，内官职属全部由宦官担任，宦官可与廷臣同享俸禄、食邑、食租。从此宦官正式有了自己的权力体系，成为一种特殊的、干预国家政治的势力。“宦官”一词正式见于《后汉书》。

宦官的来源不一，有自宫、因罪被宫、进贡、拐卖、挑选后被强行阉割而成等。史书上对宦官称谓很多，如以曾经阉割称为阉宦、刑臣，以任职宫中称为内侍、中宫，以官职称为军容、太监，以服饰称为貂，尊则称公公，贬则称宦孽等。

后宫制度和宦官制度，作为君主专制制度的一部分在中国存在了4000多年，与中国传统的政治奠基密切相关。它集中体现了君主的特权，但同时也具有极大的腐朽性和残酷性。

厉王止谤·“国人暴动”

前877年，周厉王继位。他在位期间，灾荒频繁，庄稼枯萎，民不聊生，贵族们却依然沉湎于酒色。

前844年，为了聚敛更多的财富以供挥霍，厉王任用虢公长父和荣夷公实行“专利”：宣布山林川泽为王有，禁止平民入内樵采渔猎。如此措施严重触犯了社会各阶层的利益，导致怨言四起。厉王又拒绝接受芮良夫的忠告，提拔荣夷公为卿士，继续实行“专利”。于是举国怨怒，街头巷尾充斥了不满。

◎西周刖刑奴隶守门鬲

厉王从卫国找来巫师，让他用巫术监视口出“谤言”的怨恨者，并告谕国中：有私议朝政者，杀无赦。卫巫假托神灵，肆意陷害无辜，不少人死于非命。于是，人们不敢再在公开场合言语，路途相见也只能以目示意。厉王认为他已消除民人诽谤。召穆公认为“防民之口，甚于防川”，一旦决口就无法收拾。他主张广开言路，让上至公卿大夫，下至百工庶人的各种人士都有发表意见的机会。厉王充耳不闻，一意孤行。

不到三年，广大国人忍无可忍，终于爆发了我国历史上第一次“国人暴动”。

周召共和

周厉王在位期间，西周各种社会矛盾趋于激化，终于爆发。

前841年，国人大规模暴动，厉王被迫出逃到彘（今山西霍县）。太子静藏在召穆公家中，国人闻而围之，召公以自己的儿子代之，太子得以脱

◎记载西周重要历史的墙盘

◎西周攸簋

险。厉王逃亡在彘，朝中由召公（召穆公虎）、周公（周定公）共同执政处理国事，号为“共和”（一说由诸侯共伯和摄行政事）。共和元年，即前841年，是我国现存史料中有确切纪年的开始。

共和十四年（前828年），周厉王死于彘。次年（前827年），太子静即位，是为周宣王，共和时代结束。

宣王中兴

公元前827年，周宣王继位后，为了消除厉王暴虐政治的影响，缓和国内外不安定局面，采取了一系列的步骤和措施。对内，首先是改革政治，以周公、召公二相为辅，又任用尹吉甫、仲山甫等贤臣修政，效法文王、武王、成王、康王的遗风。同时，宣布“不籍千亩”。宣王之前，每年春耕时节，天子都要举行籍田礼，到宣王时，先前集体耕种公田之法已难以继续，籍田礼名存实亡，于是宣王宣布废除此籍（没收）田典礼。这一措施对照厉王时期的“专利”政策，显然具有表示放宽对山林川泽的控制之意义。

对外方面，周宣王即位后，针对玁狁不断侵扰、掠夺财物、杀害人民这一严重情况，周宣王一方面派南仲驻兵朔方，加强防守力量，同时又派尹吉甫领兵北伐，追至太原（泛指陕北、晋北一带的黄土高原），玁狁兵败北逃，其他戎狄部落也复臣服于周。宣王在战胜玁狁之后，又派方叔带兵南征荆楚，也取得一些胜利。派尹吉甫用武力压服南淮夷进献贡物，暂时控制了东南地区，恢复了对南方的影响。在宗周以南，以秦仲为大夫，命他西征西戎，结果为西戎所杀，又召秦仲之子庄公兄弟五人，带兵七千人，再伐西戎，大胜而归。

周宣王这一系列措施及行动，大大提高了王室的威信，遂使周势复振，诸侯又重新来朝。史称“宣王中兴”。

刺绣工艺产生

刺绣是中国古老的手工技艺。《尚书·益稷》记载虞舜时就用五彩绣作礼服。对于什么是绣，古人和今人在概念上有所不同。

今人谓绣，是指以绣花线在纺织物上绣出花纹；而古人谓绣，也包括五彩的画缋在内。

在原始社会，人们用纹身、纹面、纹缋服装等方式来美化生活。但服装上纹缋的花纹，毕竟会在运动中摩擦时剥落毁损。后来人们乃渐知绣，用丝线将花样绣在衣服上既美观又牢固。周代《诗经·秦风·终南》中“黻衣绣裳”，《豳风·九罭》中“衮衣绣裳”等诗句，说明西周已出现了刺绣这种工艺。《考工记》记载周代官府“设色之土”中的画缋，也包括刺绣在内。

西周时，绣是“人君后妃”之服或“天子之服”，其他人是不能越级穿着的。当时列国诸侯间也常以高贵的锦绣作为相互馈赠的礼物。春秋战国时期，随着列强兼并，政治斗争剧烈发展，诸侯间的政治交往日益频繁，生活享受日益奢侈，刺绣的产量也不断提高。《史记·苏秦列传》记载苏秦说赵，赵王“乃饰白乘，黄金千镒，白璧百双，锦绣千纯，以约诸侯”。当时贵族厚葬之风盛行，按礼制规定，诸侯之棺，如衣绣。甚至楚庄王有爱马，也以文绣为衣。可见刺绣数量较多，而且价格相当高。

◎西周方格彩毯

◎辫子股刺绣印痕

逸闻趣事 周幽王烽火戏诸侯

◎烽火戏诸侯图

周宣王死后，子宫涅继位，是为幽王。周幽王初立时，社会动荡不安，内外交困，而周幽王却以“善谀好利”的虢石父为卿士，引起国人极大的怨愤。他又宠爱褒姒，废申后和太子宜臼，立褒姒为皇后，以褒姒子伯服为太子。

褒姒，姒姓，褒国（今陕西汉中西北）人。幽王昏庸，只知讨好褒姒，不理国事。褒姒不善笑，幽王费尽心机欲得褒姒一笑，而褒姒始终不笑，令周幽王十分苦闷。

终于，他听从臣下建议有了一条妙计，决定一试。

在古时为传递军事情况，往往于军事要地，每隔一段距离建一座高大的台子，谓之“烽火台”。一旦知敌入侵，白天则举烟，夜里则举火报警。倘若周天子举烽火报警，诸侯皆有派兵驰援之义务。周幽王为博褒姒一笑，无敌来犯却点燃烽火，诸侯闻警，纷纷率兵马至京城勤王，赶到之后，方知空跑一场。此情景引得褒姒开怀大笑。幽王为此而数举烽火，其后诸侯遂不至。

◎骊山烽火台遗址，相传为周幽王烽火戏诸侯的地方。

幽王被杀·西周灭亡

◎西周康侯斧。上端有突起的缘，侧有一系环。上有铭“康侯”二字。刃近圆形。斧共两件，或称为钺，但銎的方向与钺不同。

姬宫涅（幽王）因宠爱褒姒，于幽王五年（前777年）废申后及其太子宜臼。此事虽遭大臣卿士反对，但姬宫涅一意孤行。宜臼被废后，逃往其母家申国逃难。

此时周王朝之力量十分衰微，无异于一中等诸侯国，齐鲁晋卫已摆脱王室控制。申侯虽不满姬宫涅，然尚未公然叛周。幽王八年（前774年），姬宫涅立褒姒子伯服为太子，遂使周、申间之矛盾趋于表现化。幽王九年（前773年），申侯与西戎及郐侯结盟，作联合反周的准备。次年（前772年），姬宫涅针锋相对，与诸侯盟于太室山，并派兵讨伐申国以示威。

幽王十一年（前771年），申侯与郐国、犬戎举兵伐镐京，姬宫涅燃烽火而诸侯不至，势穷力孤，被打得大败，带领褒姒、伯服等人及郑伯友（桓公）东逃，于骊山下坡被追及。戎兵杀姬宫涅、伯服与郑伯友，掳褒姒，尽取周室财宝而去。

幽王死后，申侯、鲁侯、许文公等共立原太子宜臼于申，虢公翰又另立王子余臣于携（今地不详），形成两王并立。宜臼为避犬戎，迁都到洛邑，是为周平王。余臣在前760年被晋文侯所杀。

◎西周龙头钺。钺是一种大型的斧，可作为杀戮的刑具，此钺以龙体的弯曲成钺的形状，龙头向下，双角耸起，吻部上翘，张口露出獠牙。下部有三个长方形孔，可用皮条缚住柲，使之牢固，柲的另一头套在张开的龙口内。此钺设计构思巧妙，别具匠心。

春秋

大事纪

● 公元前770年
周平王迁都洛邑。东周春秋时期开始。

● 公元前685年
齐桓公即位，任管仲为相。

● 公元前684年
齐鲁长勺之战。

● 公元前656年
齐桓公率鲁、宋等七国联军伐楚。

● 公元前638年
宋、楚泓水之战，宋襄公败。

● 公元前632年
晋、楚城濮之战，楚军大败，晋文公称霸。

● 公元前623年
秦穆公称霸西戎。

● 公元前597年
晋楚之战，晋军大败。楚庄王称霸。

● 公元前584年
吴国兴起。

● 公元前575年
鄢陵大战。

● 公元前562年
鲁作三军。

● 公元前559年
楚吴战于皋舟。

●公元前551年
孔子生。

●公元前548年
崔杼杀齐庄公。

●公元前546年
晋楚弭兵。

●公元前544年
吴季札周游列国。

●公元前529年
楚灵王自缢。

●公元前525年
吴楚长岸之战。

●公元前522年
伍子胥出奔吴国。

●公元前519年
周室二王并立。

●公元前515年
专诸刺吴王僚，吴王阖闾即位。

●公元前506年
吴军破楚入郢。

●公元前496年
越王勾践大败吴军，阖闾死。吴王夫差即位。

●公元前500年～公元前490年
晋生内乱演变为诸侯混战。

周王室东迁·东周开始

周平王元年（前770年），犬戎之乱后的周都镐京残破狼藉，而且靠近西戎，于是新即位的周平王决定迁都，在晋文侯、秦襄公、郑武公、卫武公等诸侯的护送下，周王室东迁于洛邑（今河南洛阳），此后的周王朝就称为东周。

东迁之后的周王朝迅速丧失了王室的权威，基本上不能再控制诸侯，其势力范围仅局限于以洛邑为中心的方圆不过六百余里的区域，实力在中等诸侯之下。伴随着其政治、军事权威的丧失，以周王朝为标志的西周礼制、法制和文化制度迅速崩溃，诸侯不再听命于周天子，任意攻伐，中原陷于混战局面，以军事实力争取政治、经济利益成为政治的主要目的和手段。同时，礼崩乐坏，周王室不再能享有独占九鼎、巡狩天下的特权，而各国诸侯，甚至卿大夫超越本分冒用天子礼制的事时有发生。

周礼制和政治统治在东周的崩溃迅速改变了中原政治和文化的格局，西周的专制、单调的政治结构结束，各种地方势力、各个阶层突破桎梏，竞相发展各自的势力，天子与诸侯之间、诸侯与大夫之间、父与子之间、

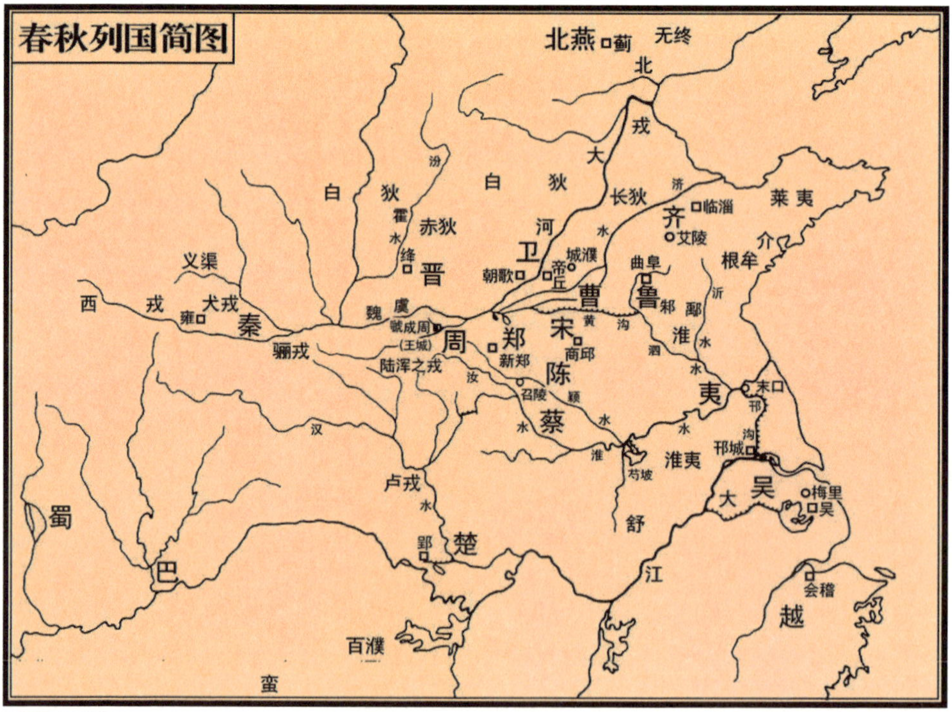

◎春秋列国简图

兄与弟之间展开了激烈的斗争，各种势力日益发展壮大，使中国的政治、经济面貌发生了很大变化。而礼崩乐坏也促进了文化的繁荣，一进入东周，西周青铜器铸造在样式、花纹、铭文格式、文字风格上的大致统一就被打破，出现各种地方风格，春秋战国文化迅速繁荣。

周王室东迁，东周的建立就是从西周政治和文化的专制、沉寂向春秋战国的政治和文化的自由、繁荣的过渡标志，而周王室的衰微也是这一转机的必要条件。

诸侯国兴起

周王室的恢复和东迁完全依靠诸侯的势力，诸侯在周王室权威丧失的时候迅速登上政治、军事舞台，填补权力真空，成为中原的决定性力量。

周王室东迁以后，对诸侯的实际控制基本丧失，残存的尊严和名义上的权威也被诸侯攫为己有，晋和郑在东周初年操纵着周王室的权力，挟天子以令诸侯，郑由此发展为春秋第一个小霸。

东周初年，大小诸侯国多达120多个。由于周王室失去了对它们的控制，它们便各自为政，利用各种手段谋取政治和军事利益，开始了春秋混战。在混战中，一些势力较强的国家不断吞并小国，势力大为膨胀。

前768年，齐灭祝，开始了诸侯之间的吞并。以郑、秦、齐为代表的诸侯势力开始发展，它们决定了春秋的政治格局，并影响了春秋和战国时代中国经济、文化的发展。齐桓公、晋文公、管仲、子产之类的诸侯政治家在诸侯兴起的环境中对中国的政治、经济、法律、军事和思想的发展作出了重要贡献。

◎春秋前期鲁侯鼎

◎春秋前期曾伯文罐

秦国崛起

前770年，秦庄公的儿子秦襄公因护送周平王东迁洛邑有功，被平王封为诸侯，并将岐山（今陕西岐山县东北）以西之地赐秦，秦国迅速崛起。

秦是古代嬴姓部族中的一支，祭祀少皞。嬴姓祖先大费，传说是女脩吞玄鸟卵而生，曾辅佐禹治水。商朝末年，嬴姓有叫中潏的一支住在西戎之地，其子蜚廉、孙恶来均辅佐商王纣。西周中期，中潏的后代大骆居西犬丘（今甘肃天水西南、礼县东北），生了两个儿子：成与非子。成为嫡子，继承大骆，住在西犬丘。非子为周孝王养马有功，被孝王封于“汧渭之会”（汧、渭二水交汇处）的秦（一说在今甘肃清水一带，一说在今陕西宝鸡县境内），从此非子这一支就以秦为氏。周厉王时，西戎攻灭西犬丘的大骆之族。周宣王即位，派非子的曾孙秦仲为大夫讨伐西戎，结果秦仲战死。秦仲的儿子秦庄公后来攻破西戎，收复西犬丘后定居于此。这是秦建国的开端。

春秋早期，东周迁出今陕西境内后，秦致力于伐戎，收复周故地。前766年，秦襄公伐戎至岐身亡，其子秦文公继位。前762年，秦文公收复汧水、渭水交汇处的秦故地，又迁都于此。

◎秦公编钟。春秋前期乐器，共五枚，为一编，纹饰相同。甬上端饰四条小龙，干饰变形雷纹，施饰鳞纹，舞饰变形夔纹，篆饰鸟纹，鼓间饰相对变形卷龙纹。全篇铭文共135字，记述秦先祖功业。

秦领土是西周的故土，秦在很多方面继承了正统文化，并且在春秋时代文明兴起的浪潮中走在前列。

在军事上，秦积极拓展领地。秦的疆域最初主要在今甘肃东南和陕西西部的渭水流域，后逐渐并灭今陕、甘境内的西戎各部，沿渭水东进，逾黄河和崤函之塞，进攻三晋；逾今陕西商洛地区进攻楚；逾今陕西汉中地区，进入巴蜀，并从巴蜀进攻楚。

前753年，秦开始有史记事，民众亦开始接受教育。前746年，秦法律开始有父、母、妻三族之罪。我国现存最早的刻石文字石鼓文，歌咏了秦国君游猎、战争的情况。

从此，秦由僻居于西部一隅之地的小国，一跃而成为与中原诸国匹敌的诸侯。

小辞典 文化

中国第一部诗歌总集——《诗经》

《诗经》是中国最早的一部诗歌总集，编成于春秋中叶，收集了从西周初到春秋中叶约500年间的诗歌，共305篇（另有《南陔》、《白华》、《华黍》、《由庚》、《崇丘》、《由仪》6篇，只存篇名，疑是后人所加）。

周朝采诗官员“行人”深入民间四处采访，收集民歌以供朝廷了解民情风俗和考察政治得失，另外周代又有公卿大夫和诸侯向天子献诗的制度。这些搜集和陈献来的作品经过乐师的审定，最终编集而成《诗经》。

《诗经》以配乐歌唱，根据音乐的不同，分为“风”、“雅”、“颂”三部分。“风”是各诸侯国的地方音乐，共160篇，其中大部分是民歌；“雅”是西周京畿地区的正声音乐，共105篇；“颂”是用于宗庙祭祀的舞曲歌辞，共40篇。

《诗经》中最富有思想意义和艺术价值的是《国风》，它广泛而真实地表现了下层人民的生活困苦和喜怒哀乐，反映出当时严重的阶级对立。如《豳风·七月》把农夫终年的艰辛劳作与统治阶级奢侈无聊的生活加以对比；还有不少作品控诉了战争和徭役给人民带来的灾难。如《唐风·鸨羽》写无休无止的“王事”使人民无暇耕作，家中父母无人奉养。

另外，歌颂爱情婚姻和家庭生活的作品在《国风》中占了很大比重，有的写相思苦、失恋愁，有的表现了对爱情的忠贞、对礼教的反抗等。

《诗经》的表现手法为赋、比、兴。赋是用铺陈手法直接叙事抒情，多见于《颂》和《大

◎《诗经·豳风》中《七月》（上）

◎《诗经·豳风》中《狼跋》（下）

雅》；比即比喻，对人或物加以形象的比喻，使其特征更加鲜明突出，如《鄘风·相鼠》和《魏风·硕鼠》，以令人憎恶的老鼠来比喻统治者的贪婪和丑陋；兴是借助其他事物作为发端，引起所要歌咏的内容，使人产生联想，或用于烘托和渲染气氛，如《邶风·谷风》用“习习谷风，以阴以雨”开端，给全诗罩上一层阴暗色彩，预示着矛盾的爆发和女主人公的悲剧命运。赋、比、兴手法的运用，可在诗中产生多重艺术效果，增加诗的韵味和形象感染力，构成生动鲜明的艺术形象。

《诗经》在先秦被称为《诗》或“诗三百”，到汉代，《诗》被朝廷正式奉为儒家经典，始有《诗》之名，并沿用至今。

春秋车战兴极而衰

原始社会的战争主要是步战，直到商代前期，步战仍为主要的作战方式，但到商代晚期，步战方式已开始逐渐让位于新崛起的车战。武王伐纣时，革车300乘，虎贲3000人。

进入春秋以后，车战趋于鼎盛。此时，由于人口的增加，生产力的发展，诸侯国之间兼并战争的连绵与加剧，战争规模愈来愈大，各国对战车日益重视，拥有的战车随之大增。齐鲁等大诸侯国，有战车千乘以上，中等诸侯国如郑宋也有战车数百乘，到春秋末期，一些大诸侯国，如晋国、楚国，拥有战车更高达4000乘以上。车战成为春秋时期的主要战争形式。战车的种类繁多，主要分为攻车与守车两种，攻车1乘，配备甲士3人及固定数目的步卒。守车一乘，包括广车、车各一，徒役数十人，以作阵线中据守之用。

春秋时期，车战战术有了显著进步。首先，车战阵形有了很大发展，已经普遍地采用了中军和左翼、右翼三部分相配置的宽正面横向阵形。一般以中军为主力，两翼相配合。城濮之战中的晋军、楚军皆以此阵应战。其次，出现了初级的野战防御方法，即设营垒以阻碍战车冲击。再次，战术观念发生巨大变化，破除早期战争重信轻诈的传统，常发动出其不意的进攻。

春秋中期以后，由于争霸战争出现了新局面，作战地域扩大到中原以外地区，这些地区大多不适于车战。与此同时，拥有大量步兵的新型军队开始组成，而铁兵器的采用和弩的改进，又使步兵得以在宽大的正面上有效遏止密集的车阵进攻。到了战国时期，车战进一步衰落，逐渐为步兵、骑兵所取代。

◎春秋战国时期的皮甲胄。春秋战国时期征战频繁，兵士的作用尤为突出。

◎春秋车战复原图

鲁国开始编《春秋》

周平王四十九年（前722年）春，鲁国开始编《春秋》。《春秋》是鲁国国史，也是中国现存先秦典籍中年代最早的编年体史书。它的记事以鲁国十二公为序，起于鲁隐公元年（前722年），终于鲁哀公十四年（前481年），共242年。

《春秋》文笔简约如大事记，对242年间诸侯攻伐、盟会、篡弑及祭祀、灾异、礼俗等都有记载。所记鲁国十二公的世次年代，经后人考证完全正确；所载日食与西方学者所著《蚀经》比较，互相吻合有三十多次。因《春秋》是史官实录，所以价值极高，后人不仅可以从中了解史实，而且可以了解中国史学源远流长，至少到西周时，已经有较为完备的史官记事制度。鲁国编《春秋》之时，其他诸侯国也都设有史官撰写本国的编年史。

◎《春秋》书影

鲁《春秋》之所以传世，是孔子呕心沥血编订的结果。孔子编订《春秋》，字里行间寄寓了自己的思想和主张，创立了后人所谓“微言大义”的“春秋笔法”。

《春秋》是中国史传散文的第一部作品，开创了一种新的文学体裁；同时，为后来诸子百家竞相著书立说开了风气之先。

楚国称王·南方文化融入中原

周桓王十六年（前704年）夏楚伐随，双方军队在速杞（今湖北应山县西）交战，随军被打败逃走。这年秋，楚熊通自立为武王，始开濮地。濮是少数民族的聚居地，民族混杂，其生活习俗和宗教颇带有原始遗存的野性、神秘气息。

至此，楚实际上已辐射江淮，窥伺中原，并对巴、濮、蛮、越都有所制驭。

由于各种部族渊源各异，历史参差，楚文化的形成包含几个方面：（1）荆楚部族本身的文化；（2）中原华夏文化的影响；（3）楚地域内外各民族文化的影响。楚有独特的文化。在楚地域原始鬼神崇拜祭祀的色彩要浓于中原地区的礼仪宗教倾向，因此前者往往带有“巫觋”的烙印和山野的神秘气息。

信鬼好祀，乐舞娱神等经常性的习俗生活内容，在南楚土著民族中更是蓬勃浓郁。如果说中原文化是以典重质实为基本精神，那么楚文化则以绚丽浪漫为主要特色。

齐桓公即位

周庄王十一年（前686年），公孙无知杀齐襄公自立为王。但公孙无知很快遭到国人的强烈反对，被视为弑君篡位的乱臣贼子。前685年春，公孙无知赴葵丘（今山东临淄西）游猎被葵丘大夫雍禀袭杀身亡。因齐襄公暴虐而逃奔在外的襄公诸弟，纷纷准备返齐继位。

公子纠因其母为鲁女而逃奔在鲁，由管仲、召忽为其辅佐。公子小白逃奔在莒国，由鲍叔牙为其辅佐。公子小白之母是卫国之女，有宠于齐僖公。公子小白和齐国大夫高傒相友善，公孙无知被雍禀杀死时，齐国显贵高氏和国氏就商量，把公子小白秘密从莒国召回。鲁国听到公孙无知死讯，发兵送公子纠返齐，并派管仲率领部队在从莒赴齐的路上阻挡公子小白。

◎齐侯盂

管仲引箭射小白，射中其带钩，小白佯装身亡，倒在车中。管仲误以为小白已死，便派人驱车将消息飞报鲁国，公子纠信以为真，认为高枕无忧，便慢慢赶路，六天后才到齐国。

此时，公子小白早已到齐，因有高氏、国氏为内应，顺利继承君位，是为齐桓公。管仲与公子纠逃往鲁国。

周王室东迁以后，政治权力迅速转移到诸侯国，宗法制度和神权统治也已崩溃。所谓春秋五霸开始一一登上了历史舞台，政治结构上的这一重要变化促使各诸侯国发展起各具风格的政治、经济、军事格局和多元化的文化样式，从而为以后战国秦汉文明各方面的演进奠定了基础。

齐桓公即位后，建立起齐国的霸权，在政治、经济、文化上发起一系列改革，成为中国历史发展的一个重要里程碑。

齐鲁战于乾时

鲁庄公九年（前685年） 齐桓公在高氏、国氏帮助下继位为君，公子纠虽有鲁国支持，因行动迟缓，未能继位。齐、鲁由此交恶。

本年（前685年）秋，鲁、齐两国战于乾时（今山东临淄西南），鲁军大败。鲁庄公丢弃所用战车，坐轻车逃跑。鲁庄公的驭手和戎右武士秦子、梁子打着庄公的旗帜，躲在小道上诱骗齐军追赶，使鲁公得以逃脱。

齐鲁乾时之战巩固了齐桓公刚刚到手的君位，提高了他在国内外的威信，为成为春秋五霸中的首霸打下了坚实的基础。

◎汉墓石刻曹沫劫桓公图。齐鲁会盟时，曹沫以匕首劫持桓公于坛上，逼使桓公还鲁侵地。

◎春秋时鲁国食器

逸闻趣事 一鼓作气

齐桓公即位不久，不听主政大夫管仲内修政治、外结与国、待机而动的建议，于周庄王十三年（前684年）春，发兵进攻鲁国，企图一举征服鲁国。

鲁庄公正准备迎战，一位叫曹刿的读书人求见，问鲁庄公凭借什么与齐交战。庄公说，暖衣饱食，不敢独自享受，一定分给他人。曹刿说，小恩小惠不能施之于众人，老百姓不会因此跟随你。庄公又说，祭祀用的牛羊玉帛，不敢夸大其辞，祝史的祷告一定如实反映。曹刿说，这种诚心不能代表一切，神灵不会因此赐福。庄公接着说，大大小小的案件，我虽然不能一一洞察，但必定按照原则情理处置。曹刿赞扬道，这才是为老百姓尽力尽心，可以凭此与齐军一战。

鲁庄公与曹刿同乘一辆战车。率鲁军在长勺（今山东莱芜东北，一说曲阜北）与齐军对阵。庄公准备击鼓进攻，先发制人，被曹刿劝止。齐军见鲁军按兵不动，便再三发起冲击，均未奏效。几次冲击后，齐军士气沮丧，而鲁军斗志昂扬，曹刿这时才让庄公击鼓进攻，齐军被击溃。

庄公急于追击，曹刿怀疑齐军诈败，于是下车细看齐军车辙痕迹已乱，又登车眺望，见齐军旌旗已倒，才让庄公下令追赶齐军，终将齐军逐出鲁境。

齐桓公会诸侯于鄄·齐开始称霸

周僖王三年（前679年）春，齐桓公再次召集宋桓公、陈宣公、卫惠公、郑厉公在鄄（今山东濮县东20里）会盟，各诸侯共同承认齐国的盟主地位，齐桓公开始称霸。

桓公即位后，不计前嫌，重用管仲，管仲辅佐桓公在政治、经济内方面施行改革政策，齐国国力日益强盛。凭借雄厚的经济和军事力量，齐桓公意欲向外发展，管仲相应地积极促使桓公采取“尊王攘夷、争取与国”的方针，以建立霸权。

所谓“尊王”，即尊崇周王的权力。当时周王室虽已衰微，但名义上仍是姬姓各国的大宗和天下诸侯的共主。“尊王”的实质是以尊崇王室为标榜，而以号令天下为目的。所谓“攘夷”，是抵抗北方少数民族戎、狄对中原的侵扰，捍卫华夏诸侯国的安全。“争取与国”是指与诸侯各国结好。“尊王攘夷、争取与国”的方针顺应时势，齐国逐步走向霸主地位。

周僖王元年（前677年），齐桓公为平宋国内乱，召集宋、陈、蔡、邾等诸侯在北杏会盟，开创春秋时代以诸侯主盟会的先例，并于会后派兵将借故不参加结盟的遂国灭掉。

本年（前677年）春，齐桓公再会宋、陈、卫、郑等国诸侯，齐国的盟主地位被诸侯各国所共认，齐国登上霸主之位。

逸闻趣事　老马识途

周惠王十三年（前664年），山戎（戎之一支，散居冀北、冀东）侵犯北燕。北燕向齐国告急求救。齐桓公率军联合燕军讨戎师，追至令支、孤竹（山戎别部，前者在今迁安西，后者在卢龙、滦县一带）时，齐师迷途失道，管仲说：“马也许认得路，不如找几匹当地的老马，让它们在前面走，也许能助我们走出迷途。”

齐桓公于是让人挑了几匹老马，让它们在前面带路。果然，这几匹老马带着齐燕大军走出了迷途。

楚国开始强盛

周惠王五年（前672年），楚王堵敖欲杀其弟熊君頵，君頵逃往随，与随军袭击并杀死堵敖，自立为楚成王。周惠王六年（前671年），楚成王派遣大使朝见周惠王，周惠王赐楚使祭肉说：“命令你镇压南方夷、越之

叛乱，不要侵害中原。”

之后，楚国不断内部巩固，国力渐渐强大。

周惠王十一年（前666年），楚成王令尹子元掌握国家大权。他率领600乘战车讨伐郑国，攻入郑国远郊的桔木失之门，楚军车队从郑国都城外郭的纯门进入，到达大路上的市场。由于诸侯国军队救援郑国，郑国才未撤离都城。在此期间，楚国又打败申、息、邓等国，开拓疆土，开始强盛起来。

齐桓公伐楚

周惠王二十一年（前656年）春，齐率诸侯共同伐楚。夏，楚国派大夫屈完到诸侯国军队营地议和，双方各自退兵。

周惠王五年（前672年），楚成王即位，国势不断壮大，先后灭申、息、邓等国，多次伐黄、伐隋，气势逼人，意图北上称雄。郑国惧于楚国强大，准备依附楚国。

楚国北进直接威胁到中原各诸侯国的利益，特别是作为华夏各国盟主的齐国更加不能容忍。为了对付楚国咄咄逼人的攻势，齐桓公一面加强中原诸侯的联盟，一面分化楚之盟国。

◎春秋时期青铜戈

周惠王十八年（前659年），齐桓公召集鲁、宋、郑、曹、邾等国诸侯商议援助郑国。

周惠王二十年（前657年），江、黄两国背弃楚国而与齐桓公结盟于阳谷（今山东阳谷县北）。这样，齐、楚两大强国就处于直接对抗的局面。

本年（前657年）夏，楚成王见诸侯联军没有退兵之意，便派大夫屈完到联军请求停战和谈。齐桓公带联军退至召陵（今河南偃城东），排开强大的阵势，然后带屈完去观看，炫耀地说：“率领这样强大的军队去打仗，有谁能够抵挡？用这样强大的军队去攻城，有什么样的城市不能攻克？”屈完回答说：“倘若您以德行去感召诸侯，谁会不钦服？倘若您以武力来威胁我们，那么我们将以楚国长城和汉水作为屏障坚守到底，联军兵再多，恐怕也没有用。”

齐桓公听了屈完之言，知道很难使楚国屈服，便在召陵与屈完签订盟约修好，双方各自退兵。

管仲谏止齐桓公封禅

周襄王元年、齐桓公三十五年（前651年），齐与诸侯以及周王太宰周公在葵丘结盟。齐桓公以为称霸天下的大业已成，便准备封禅（封：登泰山祭天；禅：在梁父山祭地）。管仲列举古时神农、炎帝、禹、汤等封禅者，告诉齐桓公只有受天命拥有天下的人才可以封禅。桓公认为自己九合诸侯，一统天下，和受天命拥有天下的人无异。

管仲知道很难用言语劝服齐桓公，就答应可以张罗此事，又说：以往封禅，要收集东海比目鱼、西海比翼鸟等天下吉祥之物；如今凤凰麒麟不来，嘉谷又不生，野草蒿莱丰茂，鸱枭数次飞来，想封禅，恐怕不可以吧？

齐桓公终于放弃了封禅的想法。

◎管仲像

管仲平戎于周

管仲当上齐国宰相后，倍感桓公既往不咎、用之不疑之恩，倾全力报效齐国。他在协助齐桓公治理国家的同时，以“尊王攘夷”的措施建立齐国的霸主地位，甚至亲自实施这一措施。

◎管仲（左）与鲍叔牙墓碑

周襄王三年（前649年）夏，王子带召集扬、拒、泉、皋和伊雒等地的戎人攻打周朝都城洛邑，秦国和晋国派兵勤王，击败了戎人。这年秋天，晋惠公派人与戎人谈判，希望媾和，但没有成功。

前648年冬，齐桓公派管仲去完成这一艰巨任务，管仲不辱使命，凭其过人的外交才干促成了戎与周的和议。为酬谢管仲，周襄王以上卿之礼款待管仲，管仲辞而不受，并对襄王说：“我只是一个地位低贱的陪臣，君待我以上卿之礼，愧不敢当，齐国真正的上卿是桓公任命的国氏和高氏。”管仲最终只接受了下卿之礼。管仲的才智和谦逊深得各国人的敬佩。

文化小辞典

《管子》

《管子》成书于战国时期，应为管子学派的著作。

《管子·地员》是中国最早的地理学专论，《地员》篇两千二百多字，主要论述中国土地分类，涉及土壤地理和植物地理。它先按中国古代的传统观念，把土地分为5类：渎田（平原）、坟延（蔓坡地）、丘陵、山林和川泽。然后在各类中再分。渎田分为冲积土、赤色垆土、黄色盐碱土、盐质黏土和黑色黏土五种土地类型。坟延是平原和丘陵的过渡类型，未细分。丘陵分为峡谷之旁、峡谷地、大土阜、广大的土阜、回环相接的丘陵、石质蔓延的低山、小土山、白土小山、中等丘陵、青色土石山、多石赤土水山、多磊白壤的山、土山、高丘陵土山共14种类型。

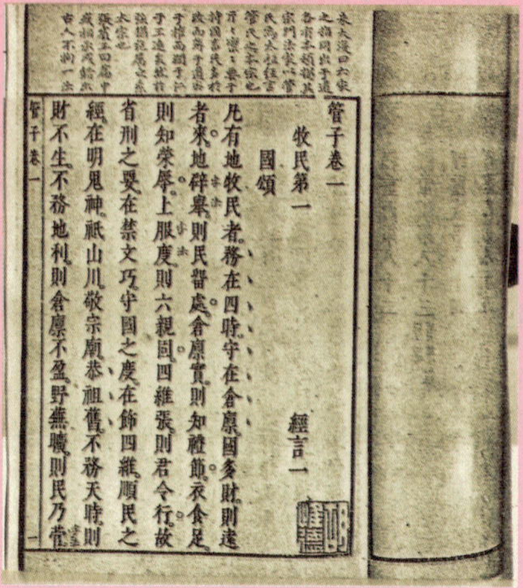

◎《汉书·艺文志》中辑录的《管子》

与战国诸子侧重哲学和社会不同，《管子》书中的管子堪称一位真正的，甚至是现代意义上的经济学家。

管子的经济理论是轻重分析，轻重是一个一般概念，如果参考把价格贵看作重（反之看作轻）的例子，大致可以知道轻重是什么。他以轻重来衡量一切经济对象的关系，从中衍生出流通、交换、价格等经济现象及控制方法。

管子控制经济的轻重思想是最早的经济调节法，这来源于“重射轻泄”（重见众人追逐，轻则外流他方）的商品理论。他对货币定义、数量说、本位和货币政策的理论由此产生，他的价格理论、市场定义、财政政策以及财富本体论、经济心理论等都极有意义。

◎《管子》书影

管仲的政治主张促成齐国的首霸地位，其经济理论对后世也产生了深远的影响，甚至历代谈论经济的著作都祖述管仲。

齐国会盟定周太子之位

周惠王王后宠爱少子带，惠王也有废太子郑而立王子带之意。齐桓公为巩固太子郑的地位，于周惠王二十二年（前655年）夏，召集鲁、宋、陈、卫、郑、许、曹等国诸侯与太子郑在首止（今河南睢县东南）相会。秋，又在首止盟誓。周惠王对此大为不悦，便派周公宰孔召见郑文公，让郑投靠楚国，又保证晋国将援助郑国。郑文公心满意足，就逃走回国而不参加盟誓。

齐桓公牵头直接干涉周王室的内政，表明齐国的霸王地位已被确认。

◎齐都临淄遗址

齐桓公主持葵丘之会

姬阆（周惠王）晚年，想废掉太子郑而改立王子带，太子郑求助于齐桓公。齐桓公会八国诸侯于首止，明确表示对太子的支持，姬阆因而不敢废太子。

周惠王二十五年（前652年）年底，姬阆死，太子郑担心其弟带争位，秘不发丧而求助于齐。周襄王元年（前651年）正月，齐桓公率领诸侯与周之卿大夫结盟于洮（今山东鄄城西南），太子即位为襄王，然后发丧。同年（前651年）夏，齐桓公召集鲁、宋、卫、郑、许、曹等国诸侯以及周王室的太宰周公在葵丘（今河南兰考县东）相会，订立盟约。盟约的主要内容有：①禁废嫡立庶，以妾为妻；杀不孝之人。②尊重贤士，培育英才，表彰有德之人。③敬老慈幼，照顾宾客行旅。④用人唯贤，国君不得专断独行。⑤各国间要有难互助，不得禁止邻国采购粮食；毋堵塞河流，以邻为壑。

此次会盟誓词所揭示的精神意在维护宗法制度嫡庶的大小，发扬周文化尊贤崇德、敬老慈幼的精神，阻止国家间的垄断与竞争，缓和形势，以谋合作。

本年（前651年）秋，齐桓公和诸侯又在葵丘盟誓。誓辞说，凡我同盟之人，既盟之后，言归于好。在葵丘之会上齐桓公高举“尊王”的大旗，对周天子表示了特别的尊敬。尽管他年事已高，却坚持用跪拜的大礼接受天子赐与的胙肉。

齐桓公九合诸侯，以葵丘之会为最鼎盛。葵丘会盟是齐桓公霸业鼎盛的标志。

齐桓公去世·齐国大乱

齐桓公九合诸侯，一匡天下。随着霸业的成就，桓公日益骄恣，自以为舍我其谁，功冠三代，当受天命。桓公晚年，易牙、竖刁等小人因为玩弄手段得以晋升重用，受到桓公的宠爱。

周襄王七年（前645年），管仲及贤臣隰朋相继逝世，桓公不听管仲临终的遗言，重用易牙等人，政事渐趋昏乱。

齐桓公好女色，多内宠，有夫人三人，宠妾六人。三位夫人均无子而宠妾则各有子。开始，桓公与管仲商议，立公子昭为太子，其他五位公子本来就不服。

管仲死后，桓公又改主意想立公子无亏，答应改立他为太子，这样就使诸公子都起了觊觎之心，人人争位。周襄王九年（前643年），桓公病重，五位公子各自网罗党羽，准备争夺君位。及桓公死，五位公子互相攻伐，易牙与寺人貂勾结宫人而杀群大夫，立公子无亏为君。太子昭奔宋。因为内乱，桓公的尸体放在床上无人过问，尸体腐烂，臭气熏天，蛆虫满身，直到六十七天后才得以殡葬。

周襄王十年（前642年），宋襄公率诸侯的军队平齐乱，以此立太子昭。齐人杀公子无亏。其余四位公子再次作乱，抵挡宋军，宋军将其击败。

太子昭于是登位，即齐孝公。齐乱至此平息。

逸闻趣事　卫懿公好鹤亡国

周惠王十七年（前660年），赤狄伐卫，杀卫懿公，后齐助卫复国。

卫懿公好鹤，淫乐奢侈，竟让有些鹤乘轩车出入，而卫懿公本人又是靠谗杀前太子而得位的，更是为国人所痛恨。

前660年，狄人兵至，卫懿公准备发兵交战，国中甲士都说：鹤有禄位，应该让它们去打仗。于是军队不战而溃，狄人攻入卫都，杀卫懿公，追杀卫人直至黄河沿岸，卫人逃生者仅七百余人。

◎莲鹤方壶。春秋青铜制盛酒或盛水器。壶盖顶部饰双层莲瓣，中立一鹤。纹饰写实生动，突破了商周传统青铜器艺术狞厉、威严的风格，成为春秋时期时代精神的反映。战国以后，青铜壶盖以立鸟为饰的渐多，莲鹤方壶为此类器物的已知最早实例。

晋国假道灭虢·虞虢唇亡齿寒

周惠王十九年（前658年），晋献公命里克、荀息率领军队讨伐虢国。从晋至虢必须经过虞国（今山西平陆），荀息建议献公用屈地产的良马和垂棘出的美玉为礼品向虞国借道。献公有点舍不得这两样宝物，荀息便为之分析得失，献公终于应允。虞公得了良马美玉，大为欢喜，不但答应借道，还自告奋勇愿为晋军做先导，共同出兵。里克、荀息率领晋军与虞军会师，攻下虢都下阳（今平陆南），虢国退而迁都于上阳（今河南三门峡市东南）。

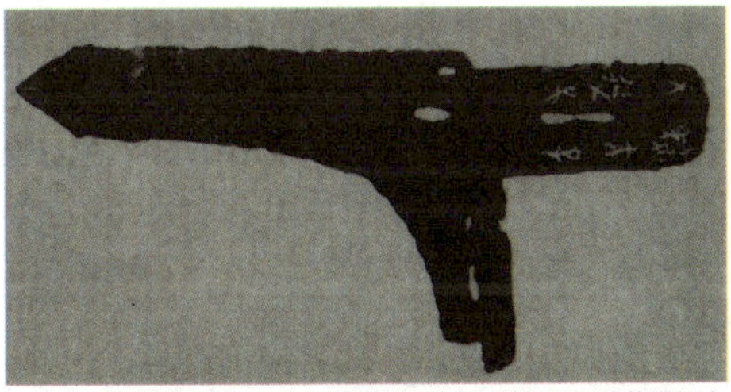

◎虢太子元徒戈。前655年，晋假道灭虢，这是晋灭虢前虢国太子所作的武器。

周惠王二十二年（前655年）十二月，晋军又来向虞国借道伐虢，虞大夫宫之奇谏虞君道：借道给晋军，晋军必灭掉我国。虞君说：晋虞同姓，晋国不会进攻我国。宫之奇又谏道：虢国也是晋国的同姓，可晋国马上就要灭掉虢国，又怎么可能施爱于虞国？虞、虢两国如同唇齿相依，唇亡则齿寒啊！虞君不听从宫之奇的劝谏，仍让晋军通过。宫之奇无奈，率其族人离开虞国。

晋军攻破虢都上阳，灭虢国。回师途中又顺便灭掉了毫无防备的虞国，俘虏了虞君。

秦穆公励精图治·称霸西戎

秦穆公礼贤下士，千方百计罗致人才。百里奚本为虞国大夫，虞败而被囚于楚，穆公知其贤而设法将他赎出，并授以国政；由余乃晋人，亡入戎，穆公知由余贤，设计使他弃戎入秦事穆公。

秦国在建国以后的五十多年中，疆域始终局限于岐西之地。其后，宪公和德公两次迁都，疆土迅速扩大，一直至于雍（今陕西凤翔）。至宣公时，影响已及黄河西岸。秦穆公好胜

◎灞桥古貌。在今西安市东，横跨在灞水上，是历史上一座富有诗意的古桥。春秋初期，秦穆公与东方诸侯争雄，改磁水为灞水，并建了桥梁。历代屡建屡毁至今。灞桥是东出长安的必经之地，人们送别，至此留步，早在汉代就有了折柳赠别的习俗。图为灞桥原貌。

◎灞桥新貌。修于20世纪50年代。大修时在原来的67跨桥墩上加固，因而桥墩数量和外型基本没有改变。

图强，甫一即位即致力开疆拓土，扩大势力。

即位之初，他就讨伐茅津（位于今山西、陕西交界一带）之戎，灭掉梁、葭等小国。同时，他又助晋惠公返晋得位（前650年）。中期，他以武力将陆浑之戎迁至伊州，将其原居地瓜州一带并入秦土，使其疆域及于黄河以西。

在此期间的前636年，他又以武力护送公子重耳返晋即位为晋文公，进一步扩大了秦在晋的影响。

公子重耳返晋为君

周惠王二十一年（前656年），骊姬之乱中，晋公子重耳败于晋惠公。第二年（前655年），他从蒲（今山西隰县西北）邑出逃，离开晋国，开始流亡生涯。当时，跟随重耳的谋臣主要有狐偃、赵衰、颠颉、魏武子、司空季子等。重耳先到翟，翟人讨伐咎

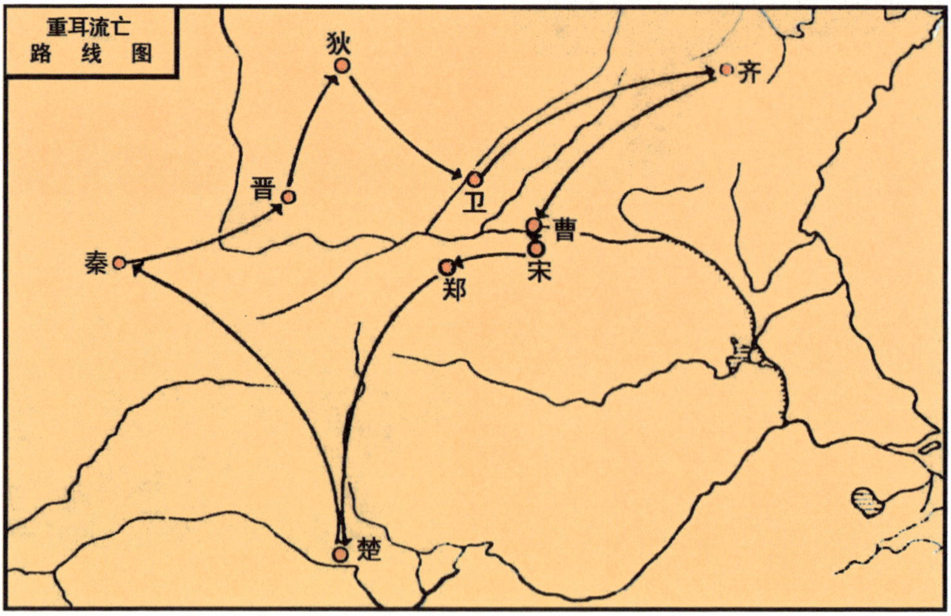

◎重耳流亡图

如（今河南安阳市西南），得叔隗、季隗两名女子，送给重耳。

重耳娶季隗，生下伯倏、叔刘。重耳将叔隗赐给赵衰为妻，生下赵盾。重耳去齐国前对季隗说，等我二十五年，我如果没回来你再出嫁。重耳在狄居住达十二年。

周襄王十六年（前636年）春，秦穆公派兵护送晋公子重耳返晋。到达黄河时，子犯把玉璧还给重耳说，下臣背着马笼头、缰绳，跟随您巡行天下，罪过很多，请就此而别。重耳将玉璧投入大河，请河神为证，将来决不对子犯变心。渡过黄河以后，包围令狐（今山西临猗县西），进入桑泉（今山西临猗县临晋镇东北），占领臼衰（今山西解州西北）。

本年（前636年）二月，晋军驻扎在庐柳（今山西临猗县北）。秦穆公派遣公子絷到晋国军队里陈说利害。晋军退驻于郇（今山西临猗）。晋国大夫在郇与狐偃以及秦国大夫结盟，支持重耳。重耳便到晋军中指挥，进入曲沃（今山西闻喜县东）之后很快到达晋国都城绛（今山西翼城县东南）。

重耳在晋武公宗庙朝见群臣，其后派人在高梁（今山西临汾市东北）杀晋怀公，重耳继位，是为晋文公。

晋楚城濮大战

周襄王二十年（前632年）四月初一，晋文公、宋成公、齐国大夫国归父和崔夭、秦穆公之子小子慭率领军队驻在城濮（今山东范县南），楚军则背着险要的丘陵扎营。初二，晋军在莘北摆开阵势，胥臣让下军分别抵挡随楚而来的陈、蔡两国军队。楚军主将子玉十分傲慢，依靠若敖的180辆战车而率领中军，子西率领左军，子上率领右军。

战斗开始时，晋将胥臣将马蒙上老虎皮，先攻战斗力最弱的陈、蔡两军，两军奔逃，楚军右翼部队溃散。狐毛派出两队前军追击楚军溃兵。栾

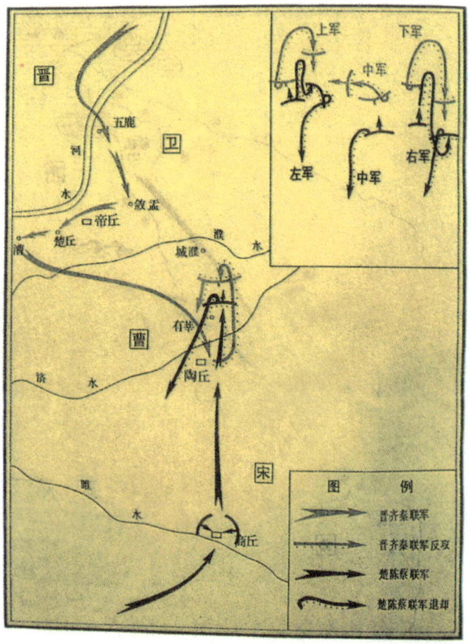

◎晋楚城濮之战作战经过示意图

枝用战车拖着树枝，使灰尘飞扬，假装逃走。当楚军追击时，先轸、郤溱率领晋国中军的禁卫军拦腰袭击。狐毛、狐偃率领晋的上军夹攻子西，使楚的左翼部队溃散。楚军大败。子玉由于及早收兵，其直属部队才免于溃败。晋军在城濮休整三天，吃楚军留下的粮食，本月初六才凯旋回国。

楚军主将令尹子玉得知城濮之战楚国失败后，欲率兵返楚，楚成王派人对他说，随同您出征的申（今河南南阳）、息（今河南息县）子弟大多伤亡，如果回来，您如何向申、息父老交代？子玉知楚成王之意是迫令自己自杀，便走到连谷自杀。

至此，晋国在城濮之战大获全胜，挫败了楚国的锐气，从此奠定了晋的霸主地位。

此战中晋军“退避三舍”、“后发制人”、“由弱至强”、“各个击破”的策略，极大地丰富和发展了中国古代的军事思想。

晋文公安定周室·始称霸主

子带，周惠王宠子、周襄王之弟，与戎、狄早有密切联系。周襄王三年（前649年），子带召集周附近的戎人攻入都城，焚烧东门。次年秋，子带逃奔齐国。

周襄王十四年（前638年）秋，周大夫富辰建议周襄王将子带召回。子带遂返回京师，受封于甘（今河南洛阳市南）。子带回周以后，与狄女隗氏通奸，襄王遂废除隗氏的王后之位。当初受襄王指派，与狄人勾结的周大夫颓叔和桃子，奉事子带攻打周襄王。周襄王侍卫准备抵御，襄王不允，自己逃到坎欿（今河南巩县东南）。但都城民众不答应，又将襄王接回。

本年（前638年）秋，颓叔和桃子奉事子带，领狄军进攻成周，周军大败，周公忌父、原伯、毛伯、富展等贵族大臣被俘。周襄王再次逃难至郑国的氾（今河南襄城县南）。子带和隗氏住在温（今河南温县西南）。冬，周襄王派人到鲁国、晋国、秦国告急求援。

周襄王十七年（前635年），晋文公诛杀王子带，护送周襄王返回都城，勤王有功，周襄王对其恩赏丰厚。

周襄王二十年（前632年），晋大败楚国，晋文公将战俘及战利品献给周室，以求封赏。周天子派钦差大臣王子虎封晋文公为侯伯（诸侯首领），并赐给他侯伯应当享受的礼遇。晋文公欲擒故纵，再三辞谢，而后才叩首受封。周室为此还专门作了一篇《晋文侯命》以颂其功。文公受封之后，又增设了三军，公然僭越天子之位。

晋文公自此开始了霸业。

布币产生

中国古代最古老的货币是贝币，萌发于原始社会末期，盛于商代。西周时期，贝币仍然是主要货币，但随着这一时期天然贝数量减少而铜器铸造业不断发展，已开始出现较多的铜铸贝币。春秋之际，货币经济得到很大发展，出现了以黄金、青铜、银、锡、铜等金属铸成的形制多样的货币。

其中，布币是最先得到广泛流通的金属货币。布币是由农具发展而来的，“布”即是“镈”的假借字。镈即铲，是古代重要的农业工具，因而

◎空首布。殷商晚期和西周时期，铜制工具在不同地区形成了一般等价物。到了春秋时期，人们又将其转化为专职的货币，即现在所称的空首布。它虽保留了青铜铲的工具形态，但已不能作为工具使用，形成了具有典型意义的铸币。此图为春秋时期田字空首布。

小辞典 文化 寒食节

周襄王十六年（前636年），晋文公继位后，赏赐当年跟着他逃亡的人，介之推未开口，晋文公也未给他禄位。

有人为介之推不平，介之推认为晋献公有九子，现在只有国君在世，晋惠公、怀公无亲近之人，内外都不依附于他们，而信赖文公，可见是上天立他为君，有些人却贪天之功以为己有，我岂能与他们相处？介之推之母也让他去求赏，介之推说，明知错误而去仿效，错误就会更大。我既不满那些人，就不会再像他们那样去讨俸禄。她希望介之推设法让文公知道此事，介之推说，言语是身体的文饰，如今我的身体将要隐藏，又怎用得着文饰？

介之推与其母一同隐居到绵上（今山西介休县东南）山中。文公的随从人员对此事深为惋惜，便悬书于宫门，道：“龙想飞上天空，有五条蛇帮助它；而龙腾云驾雾后，却只有四条蛇各得其所，另一条蛇怨而不怒，最后隐遁而去。”

文公见此书，派人召见介之推，但使者去时却已不见介之推，只知在绵上山中。晋文公遂将绵上之山与周围田地封给介之推，并将此山改称介山，以此记载自己的过失，并表彰介之推的高风亮节。

又传说，晋文公见介之推隐居山中，即烧山逼他出仕，但介之推绝意仕途，遂抱树而死。文公为悼念他，禁止在介之推忌日（清明前一或二日）生火煮饭，只吃冷食。

此后相沿成俗，遂称为寒食节。

可以作为市场交换媒介。

春秋战国时期的铜铸布币，形体薄小，已没有农具的实用功能，但仍保持了镈的形状和名称。布的形状有很多类型，空首布是较为原始的类型，后从空首布又演化出平首布。此外还有方足、尖足、圆足、方肩、圆肩、方跨、圆跨等多种类型。布币主要流通于韩、赵、魏三国。燕和楚也铸造少量布币。在韩、赵、魏三国中，又以赵国诸郡铸造的布币最多。但是布币等金属货币的流行并不意味着铜币很快绝迹，楚等国家直到战国时期仍以铜铸贝币蚁鼻钱（又称鬼脸钱）为辅币。布币的出现，标志着我国古代进入了一个新时期，即以金属货币为主要货币的时期；布币是春秋战国经济发展的结果，同时又成为推动经济发展的力量。

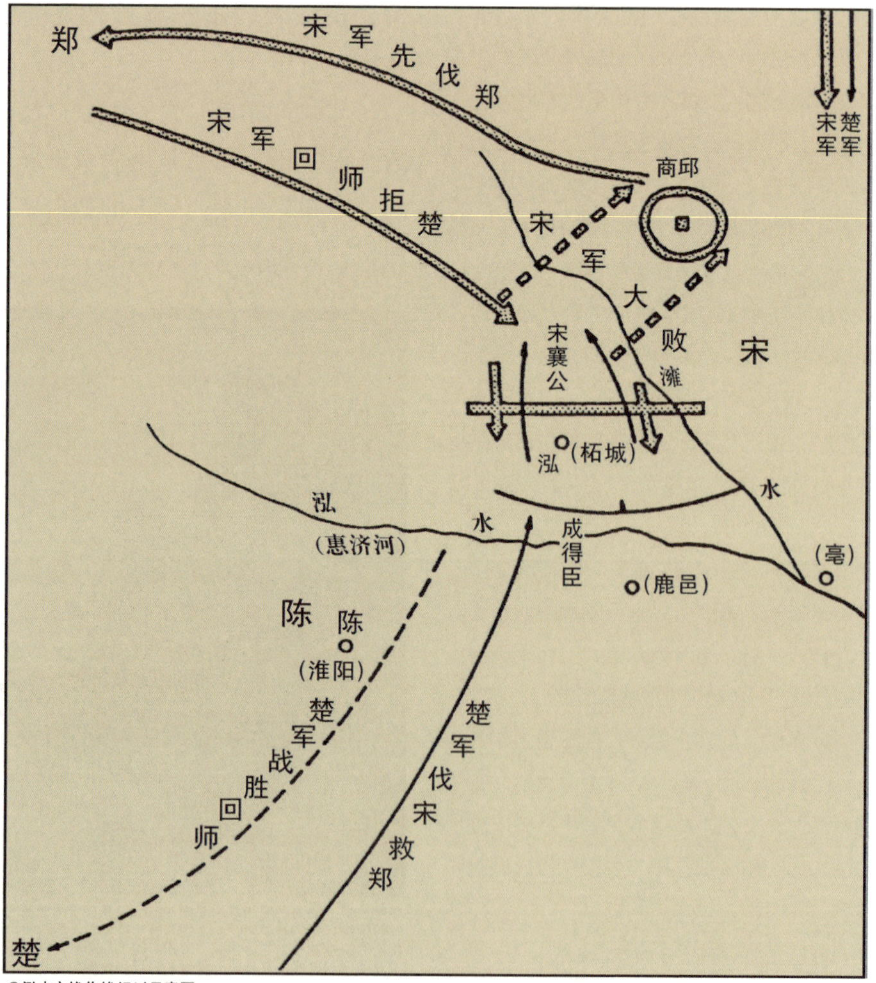

◎泓水之战作战经过示意图

泓水大战·宋襄公愚不可及

因王位继承问题没有得到妥善解决，前643年，齐桓公一死，齐国就发生了诸公子夺位之争。宋襄公支持太子昭，助他打败诸公子，夺取了君位。襄公勘平齐乱，遂萌称霸诸侯之心，欲乘中原无霸主之机登上霸主之位。

周襄王十四年（前638年）夏，宋襄公率兵伐郑，楚派兵伐宋救郑，宋襄公准备作战，大司马固认为，上天早就丢弃了宋，复兴宋国就是违背天意，罪不可赦免，不如不与楚交战为好。

十一月，宋襄公与楚军在泓水（今河南柘城县北）边上作战，是为泓水大战。宋军已经排成队列，楚军尚未全部渡河，司马建议乘此良机全线出击，宋襄公不答应。楚军过河尚未列好阵势时，司马再次请求下令攻击，宋襄公仍不答应。楚军列阵完毕，立即进攻宋军，宋军大败，宋襄公腿部受伤，宋军将领尽被歼灭。

泓水大战以宋军惨败收场，足见宋襄公愚不可及。

◎宋都城商丘古城城墙遗址

逸闻趣事

伯乐识马

伯乐，姓孙名阳，又称孙阳伯乐，春秋秦穆公时人。

伯乐善相马，当时人即以神话中掌管天马的星名伯乐来称呼他。凡伯乐相中的马，都属上乘，价格极高。

伯乐从长期的相马实践中得出识马理论："相千里马必须得其精而忘其粗，在其内而忘其外。"伯乐识马注重实质，反对虚表，后人遂有"千里马常有，而伯乐不常有"的感叹。

秦晋失和·郩山大战

周襄王二十五年（前627年）四月，晋国与姜戎合攻秦师，战于郩（今河南洛宁县西北），秦师大败。二十八年（前624年），秦军渡河攻晋，取晋城邑，至郩山而还。

◎函谷关，郩函地区重要关口

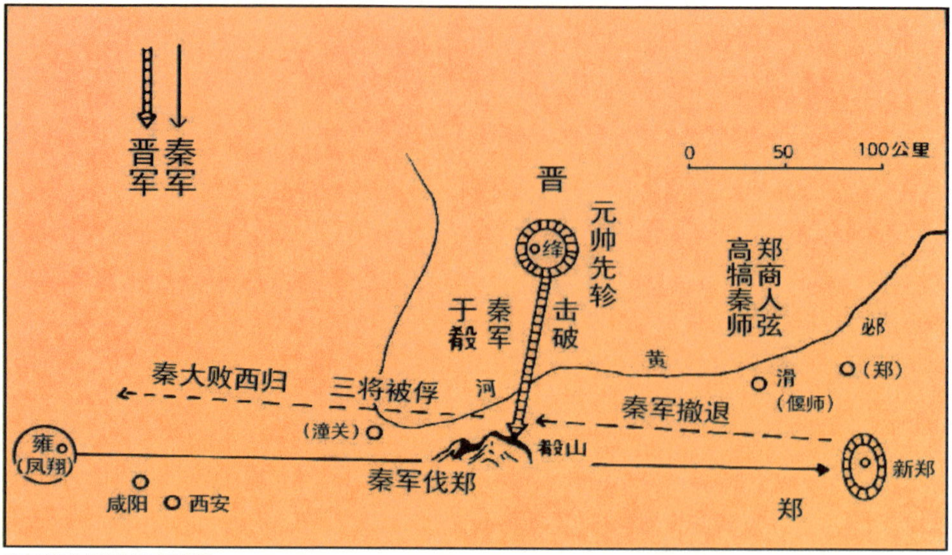

◎秦晋郩之战作战经过示意图

周襄王十六年（前636年），秦穆公派兵帮助晋公子重耳归国为君，穆公的本意是想扩大秦国的势力和影响。但是，晋文公迅速站稳脚跟，成就霸业，反使秦穆公的努力相形失色，成为晋文公图霸事业的配角。在晋文公时代，秦、晋的关系大体处于友好状态。

晋文公在位九年，于前628年冬去世，晋人为文公服丧。在此同时，秦穆公不听蹇叔之言，派百里奚之子孟明视、蹇叔之子西乞术和白乙丙带兵袭郑。蹇叔哭着为儿子送行，预言晋国人必定在郩伏击秦军，我等着去收你的尸骨吧。事情进程果如蹇叔所料，秦军偷袭郑国不成，班师西归。晋国众大夫讨论是否袭击秦军，新继位的晋襄公听从先轸的建议发布命令，与姜戎联合发兵攻击秦师于郩，大败秦军，秦军三大将领孟明视、西乞术、白乙丙皆被俘。晋襄公母亲文嬴是秦国人，郩山之战后，她请求襄公将孟明视等三位主将释放回国。

周襄王二十七年（前625年），秦穆公再派孟明视率师攻晋，以报郩山战败之仇。晋襄公亲自率军迎战，以先且居为主将，两军激战于彭衙（今陕西澄县西北），秦军又败。主将孟明视战败仍受秦穆公信任，让他主持秦国军政。

次年（前624年），秦军第三次伐晋，由秦穆公亲自率领，孟明视为主帅，渡河以后焚烧渡船，以示必死之决心。秦军取晋王官（今山西闻喜西），晋军坚守不敢出来迎战。秦军又渡茅津（今平陆茅津渡）至郩，埋葬郩山之役秦军尸骨而还。

晋文公去世以后，晋国势已过鼎

盛时期，而秦穆公励精图治，渐有压倒晋国之势。但晋国依然拥有相当实力，始终都是春秋时期的一流大国。而秦自秦穆公去世后，国势长期不振，对晋战争胜少败多。因此秦国在春秋数百年间，有时颇为强大，但其基本势力始终局限于函都以西。

◎春秋时期用木炭还原法制得的铁制品

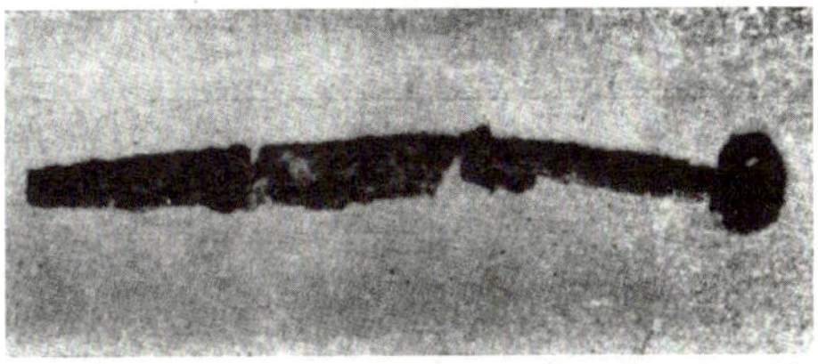

◎铁削

鲁国实行初税亩

春秋时期，诸侯之间大欺小，强凌弱，关系错综复杂。当时不仅有晋、楚两大集团的对抗，在每一集团内部亦往往发生矛盾冲突。齐、鲁都属于晋集团，但齐国往往倚仗强大而欺负鲁国。鲁国为积聚财富、增强军力，进行了许多内政改革。

周定王十三年（前594年），鲁国开始实行按田亩之多少征收田税的“初税亩”。商、周以来为井田制度，国家对于人民籍而不税，行力役之征，借民力以耕公田。春秋以后井田制崩溃，人口流动增加，生产力得到大发展，私田日辟，为增加国家之财政收入，鲁国遂于此年实行按亩收税。周定王十六年（前591年）齐、鲁交恶，鲁国害怕齐国侵伐，于第二年（前590年）“作丘甲”，增收军赋，以加强军事力量。

◎铁锄

“初税亩”制度的实行，表明私田的大量出现得到了官方的承认。自此，井田制宣告全面崩溃，一种新的封建土地制度开始形成。

文化小辞典

中国音乐十二律体系

◎郘钟。春秋乐器。

周朝乐律学有重大建树，开始创立了完整的音阶形态及其理论，从而奠定了中华乐律学的基础。五声音阶、七声音阶和十二律理论都在此时期形成。

据《国语·周语》记载，周景王(前544年～前520在位）在前522年曾问乐律于乐官伶州鸠。伶州鸠讲了许多乐律学知识。他按六阳六阴的顺序列举了黄钟、大吕、太簇、夹钟、姑洗、仲吕、蕤宾、林钟、夷则、南吕、无射、应钟等12个律名。这是十二律名见于典籍的最早的完备记载。同时春秋时代音乐发达的现象造成了“和”的范畴的提出，它本来指的是音乐的音符去其音质而组成玄妙的旋律性，后来发展为指有个别性质的事物去其本性而成为一个本体论的旋律性的“和”。

这后来成为战国美学的本质特征，与希腊人追求几何结构的清晰性是完全不同的。和最终上升为本体论范畴，与“德”一起构成战国哲学基本体系。

◎湖南马王堆出土的竹制十二音律管

弩的出现

弩是由弓发展而来的射远兵器，由弓、木质弩臂和铜弩机三部分组成：弓横装在弩臂前端，弩机装于弩臂后部；弩臂用以承弓、撑弦，并供使用者托持。弩机用以扣弦、发射。由于弩将张弦装箭和纵弦发射分解为两个动作，射手无须在用力张弦的同时瞄准，命中率比弓大为提高。而且弩可以用足踏张弦，故能够比弓射得更远，在步兵野战布阵、设伏和防御作战中，弩能发挥良好的作用。

春秋晚期，实战中开始用弩，战国时期，弩被大量使用。前341年，马陵之战中，孙膑以弩兵伏击歼灭了庞涓率领的魏军。战国以后，弩继续发展，东汉时有腰引弩，三国时期有诸葛亮改制的连射弩。南北朝以后，骑兵大规模驰骋战场，弩不便在马背上使用，逐渐衰落。

◎弩机，以机械力发射箭的远射装置。1952年湖南长沙出土。

逸闻趣事

楚庄王一鸣惊人

周顷王五年（前614年），楚穆王死，其子旅继位，是为楚庄王。楚庄王即位的头几年，对国事不闻不问，日夜于宫中饮酒嬉戏，并下令：有敢谏劝者斩。但他其实并非庸主，不过是在伺机而动。大臣申无宇讽喻他道：“楚国的山上有一只大鸟，一连三年不飞不叫，这是一只什么鸟呢？”楚庄王回答说：“三年不飞，一飞冲天，三年不鸣，一鸣惊人。我懂得你的意思了。”其后大臣苏从又谏。庄王见有不少人支持自己，于是痛改前非，罢歌舞，亲政事，尚贤任能，重用伍学、苏从，诛杀奸佞，选拔良才，国人大悦。

◎楚王钟铭文

周匡王二年（前611年），楚庄王开始听政。周匡王五年（前608年），楚庄王亲率大军伐陈、宋，与晋师战于北林（今河南新郑），虏晋大夫解扬，晋师败还。

随后，楚庄王相继灭舒，伐陈，破郑，败晋，终成霸业。

◎山东武梁祠足蹬弩施放图

中国首次记载哈雷彗星

中国古代对彗星的观测历史悠久，并有详细记录。大彗星的出现，更引起了人们的注意。据《春秋》载，鲁文公十四年（前613年）“秋七月，有星孛（彗星）入于北斗”。这是世界上最早的关于哈雷彗星的记载，比西方早670多年。

此后，从秦王政七年到清宣统二年（前240年～1910年）的两千多年间，哈雷彗星29次回归，中国都作了记录（有说共记录31次）。这些不间断的记录为现代研究哈雷彗星的轨迹变化提供了宝贵的资料。

楚庄王问鼎中原

周匡王五年（前608年）秋，楚庄王以陈、宋叛楚附晋为由，率军伐陈、宋。晋国得知消息，出兵迎敌。晋赵盾率军与宋、陈、卫、曹的军队在林（今河南新郑北）会合，准备讨伐郑以救陈、宋。楚贾率军救郑。两军在北林（今河南郑州市东南）相遇，双方展开大战。结果，楚军战胜晋军，晋大夫解扬被俘。

周定王元年（前606年）春，楚庄王率军讨伐陆浑之戎（今河南嵩县及伊川县境），到达雒水，在周朝境内陈兵示威。周定王派大夫王孙满慰劳楚庄王。楚庄王问起九鼎的大小轻重。王孙满回答说：“鼎的大小轻重在于德而不在于鼎本身。周成王把九鼎定在郏鄏，占卜的结果是传世三十代，享国七百年。这是上天之命。周朝的德行虽然衰减，但天命并未改变。鼎的轻重，是不能询问的。”楚庄王听了王孙满的一番言语，知道周在诸侯中还有相当影响，所以不敢轻率攻周，于是引兵返归。

鼎是古代国家权力的象征，楚庄王问鼎，有代周之意。“问鼎中原”成语即源于此。

历史上黄河第一次大改道

周定王五年（前602年），黄河第一次大改道，这是黄河改道最早的记载。以前，冀中地区甚少人居住，黄河于国于民都没什么大害。春秋以后，人烟渐增，黄河泛滥之时对人危害极大，因此改道的意义极大。

黄河原从今河南武陟东北流到浚县西，折北流至河北平乡北，向东北流，分为“九河”（意指多股河流），最北一支为干流，在今天津南入海，即所谓“禹贡河”。改道后自今河南滑县附近向东，至河南濮阳西，转而北上，在山东冠县北，折向东流，到茌平以北，折而北流，经德州，渐向东北，经河北沧州，东北流至原河口以南，在今黄骅以北出海。

黄河是中国第二大河，汉以前称“河”，汉始称“黄河”。黄河是中华民族的摇篮，南宋以前，黄河流域一直是中国政治、经济、文化的中心。

黄河的洪水灾害闻名于世，中原地区受害最大，一年中的四个汛期常发生洪水泛滥，成为历代河祸之始。

小人物辞典 老子

老子，姓李名耳，字聃，楚国苦县（今河南鹿邑）厉乡曲仁里人，曾任东周王朝守藏史，掌管图书典籍。相传孔子曾向他问过“礼”，他则给孔子讲述许多深奥的道理。他一生修行道德，晚年才“著书言道德之意”。是为《老子》，又名《道德经》，全书分上下篇，共81章，计5000余言。在《道德经》一书中，老子以“道”为核心，创立了他的哲学体系，包括世界本原说、朴素辩证法及认识论等等。

◎老子骑牛图。北宋晁补之绘。道家创始人老子倡导的恬淡虚无、清净无为、抱朴归真的人生观倍受后人推崇，成为后世养生学的基本准则。

◎老子授经图。老子后来被道教徒神化，奉为教主，在中华大地的多元神系中，占有重要的一席。本图绘出了老子在松树下坐在榻上授经的场面。仙风道骨的老子，颇具“天尊”气度。

文化小辞典

《道德经》

◎西汉帛书《老子》（残页）

据传春秋战国之际，我国古代著名哲学家、道家学派创始人老子撰写《老子》，阐述他的哲学思想。

“道”是老子哲学体系的核心。他认为“道”先于世界万物存在并且是产生世界万物的神秘本原，“有物混成，先天地生。”“吾不知其名，字之曰‘道’。”就是说在天地形成之前就有一个浑然一体的东西存在。在老子看来，“道”是一个神秘的、不可感知的精神性实体，并且由“道”可生出万物世界。“道生一，一生二，二生万物”（《老子》第四十二章），可以说由“道”化生出元气，由元气产生阴阳二气，再由阴阳二气和合而产生天地万物，老子以“道”为万物本原的学说，结束了传统的上帝鬼神的传统，提高了哲学思辩的高度。

以“道”为基础，老子又提出他的朴素辩证法思想，认为无论自然界还是人类社会，无时无刻不在运动变化之中，并在这运动变化之中概括出一系列相互矛盾的范畴，如有无、福祸、美恶等。并指出每一矛盾范畴的两个对立面是相互依存和相互转化的，如“祸兮，福之所倚；福兮，祸之所伏”。

在认识论方面，老子否认人的知识来自于感觉经验，他认为领悟“道”，完全不需感性认识，只需要“虚静”、“玄鉴”的认识方法，即可达到“闻道”的目的。“虚静”、“玄鉴”即要求人们内心虚静，不持任何成见，也不受任何外界干扰，以达到心灵虚静的状态。以这为基础，他反对启迪民众智力，要人们“绝圣弃智”、“绝学无忧”，公开主张实行愚民政策，以维护统治阶级的统治。

老子的哲学是一个完整的体系。道无结构无组合，以差异、递归、德育产生出万物。道是真正的纯粹（而非实践、社会）哲学。老子的行为哲学也完全是由道（理）的理论中引出，因而他是中国真正唯理主义的先驱与代表。

周室二王并立

周景王二十五年（前520年）夏，周景王死，周大夫单穆公等立景王长子猛，是为悼王。景王庶子王子朝发动叛乱，以争夺王位。王子朝击败悼王的军队。

本年（前520年），周悼王死，周敬王继位。

周敬王元年（前519年），晋国拥立周敬王，派兵围攻王子朝，王子朝溃败。晋军撤回。六月，王子朝卷土重来，屡败周朝军队。六月二十四日，王子朝进入王城。此时敬王居王城东之狄泉，人称东王；王子朝被周世卿尹氏立为王，以称西王。于是形成二王并立的局面。

王子朝作乱后，王子朝与周敬王长期对峙，相互争斗。

周敬王三年（前517年）夏，晋赵鞅召集鲁叔诣、宋乐大心、卫北宫喜、郑游吉以及曹人、邾人、滕人、薛人、小邾人在黄父（今山西沁水县西北）相会，商量安定王室。赵鞅命令各国向周天子输送粮食，准备好戍守的将士，并告诉各国，明年将送周敬王返回王城。

周敬王四年（前516年）十月十六日，周敬王在晋军拥护下在滑（今河南偃师县南）起兵。十一月，支持王子朝的周世卿召伯盈见晋师节节取胜，于是倒戈逐王子朝，王子朝与部分召氏之族及毛、尹等族携带周室典籍，出奔于楚。

十一月二十三日，周敬王进入成周。

人物小辞典

孔子

孔子，名丘，字仲尼，周灵王二十一年（前551年）生于鲁昌平乡陬邑（今山东曲阜东南），他的祖先是宋国的孔防叔，因逃避华氏的迫害，逃到鲁国。

孔子在浓厚的礼乐文化氛围中长大，加之他勤奋聪慧，少时已掌握礼、乐、射、御、书、数等方面的知识，以好礼而闻名于鲁国，并曾专程到周向老子请教礼仪。

孔子少时贫贱，前半生热衷政治，曾做季氏小吏。鲁昭公二十五年（前517年），孔子在齐高昭子家做家臣，后来又回到鲁国，聚集门徒讲学，门徒日增。

鲁定公时，孔子曾出任中都宰、司空、大司寇官职。前500年，他随定公在夹谷会见齐景公。前497年，孔子想伸张国君的权利而“堕三都”，但由于孔子本质上是个文人，他的政治主张多是理想化的，不切合实际，“堕三都”以失败告终。

前496年，孔子摄行相事，执政两月使鲁国大治。后因不满鲁国当权的季氏的作为，弃官离鲁，带领弟子周游卫、陈、宋、郑、蔡、楚等国，多次遇险。孔子四处游说，但终不见用。

前487年，孔子回到鲁国。晚年的孔子不再求仕，自称“不怨天，不尤人，下学而上达”，闭门治学，潜心研究礼仪。他与弟子整理古籍，评论时事人物。传说作《书传》、《礼传》，为《易》作《彖辞》、《象辞》、《系辞》、《序卦》、《说卦》、《杂卦》、《文言》，人称《十翼》；删减《诗》三千多篇为三百零五篇；整理《春秋》，使文辞简约而内寓褒贬；正乐，成六艺以备王道。

周敬王四十一年（前479年）四月十一日，孔子逝世，享年七十二岁。鲁哀公作诔文悼念孔子，开后世诔文之先河。孔子的门徒服丧三年，而子贡则在墓冢旁建房而居，六年之后才离去。因孔子弟子及鲁国人在孔子墓附近聚居，所以墓地一带就叫孔里。

孔子的主张虽因不切实际而不被当时的君主所采用，影响却极为深远。

◎孔子行教图。孔子“有教无类”与“因材施教”的教育思想，在中国的历史长廊里永放光芒。图为唐吴道子所作《先师孔子行教像》碑。

◎孔子赴齐，获齐景公赏识，但受到晏婴等大夫的诋毁而返鲁，明无名氏《圣迹图》描绘了这一段遭遇。

◎孔子闻韶处。孔子三十五岁时离开鲁国，前往齐国，“闻韶乐，三月不知肉味”。图为山东淄博齐故城东南的“孔子闻韶处”。

◎孔子讲学图

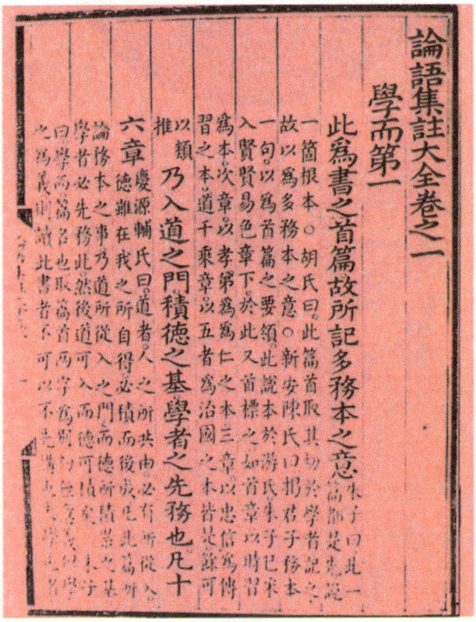

論語集註大全卷之一

學而第一

此爲書之首篇故所記多務本之意 朱子曰此一篇都是先說 [illegible]一箇根本。胡氏曰此篇首取其切於學者記之故以爲多務本之意。新安陳氏曰揭君子務本一句以爲首篇之要領此說本於游氏朱子已來入賢賢易色章下於此又首標之如首章以時習爲本次章以孝弟爲爲仁之本三章以忠信爲傳習之本道千乘章以五者爲治國之本皆是餘可以類推 乃入道之門積德之基學者之先務也凡十六章 慶源輔氏曰道者人之所共由必有所從入德雖在我之所自得必積而後成也此篇所論務本之事乃道所從入之門而德所積[illegible]學者必先務此然後道可入而德可[illegible]曰學而篇名也取篇首兩字爲別初無[illegible]之爲義則讀此書者不可以不先[illegible]

◎《论语》书影

◎孔宅故井。孔子十六七岁时母亲去世，开始独立谋生，洗衣、做饭、种菜、挑水，自食其力。图为孔子故宅内的“孔宅故井”。

吴王重用伍子胥·吴国始盛

周敬王六年（前514年），吴王阖闾任用伍员（伍子胥）为行人（外交官），以伯嚭为大夫，共谋国事。在伍员和伯嚭的主持下，吴国进行了一系列改革，国势渐大。令伍员受命筑阖闾城（今江苏苏州），名城苏州（姑苏）开始建立。

◎伍子胥像

周敬王八年（前512年），伍员推荐孙武给阖闾，孙武与吴王讨论晋六卿强弱，开始治兵。

◎伍子胥画像镜

阖闾命令收留两逃亡公子的徐国和钟吾国捉拿两公子，但两国却让他们逃到楚国，楚昭王封赏他们土地，甚为优待，吴王因而怒楚。本年十二月，吴抓获钟吾国君，进而攻打徐国，灭徐。

周敬王九年（前511年），吴王采用伍员的谋略讨伐楚国，吴军分为三师，轮流出扰，彼出此归，彼归此出，楚军疲于奔命。吴三师趁势齐出，大败楚军。

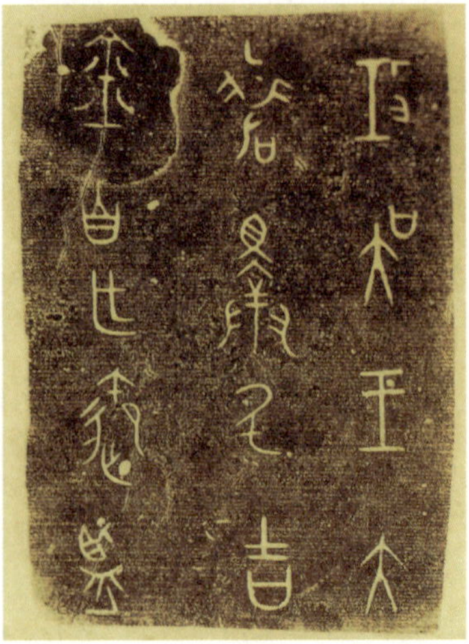

◎吴王夫差鉴局部。此鉴为春秋盛水器。器形如大缸，器腹两侧有虎头状兽耳，两耳间的口沿旁有锥状角的虎攀缘器口。通体饰繁密的交龙纹三周。此为吴王夫差宫廷中御用之物。

周敬王十年（前510年），吴王率军讨伐越国，越君允常迎战，吴、越首次交兵。

由于吴国重用伍员，不断治国强兵，国力开始强盛，威震诸侯。

小文化辞典

《孙子兵法》

孙武对夏商以来，特别是春秋时代的战争进行研究，总结了前代军事思想的成果，并以自己的独到创见将其融会贯通，形成一个思想严谨、结构合理的军事理论体系。孙武的军事思想主要包括战争观、战略理论和作战思想三个方面。

◎《孙子兵法》各种版本

孙武继承了先秦时期注重戎事的传统，对战争有害的方面也有清醒的认识。他对战争的基本态度是重兵、慎战，重视战争而不轻易发动战争。孙武反对穷兵黩武，主张非危不战。由重兵、慎战的思想所决定，孙武主张应认真研究战争，深入了解战争，这样才能赢得战争的胜利，由此提出“知兵”、“知战”的思想，要求“知己知彼、知天知地”，在战争和作战指导上做到对敌我双方各方面情况全面把握了解，这样才能“百战不殆”。

孙武的战略理论以国家之间的战争作为主要研究对象，以国家利益作为出发点和核心问题，以“安国全军”作为战争的首要目的。因此，孙武在战略上注重“内因制胜”、“修道保法”和“伐谋伐交”。他首先从战略角度阐述了决定战争胜负的基本因素，即所谓的“五事”：道、天、地、将、法。其中国家内政情况、军事实力和指挥官的才能是最主要的，属于内因。他进一步阐发内因制胜的理论，主张从国家自身内部进行努力，使自己在战略上立于不败之地，以待敌人出现，这样才是善战。孙武从国家利益出发，提出“速战速决”和“取用于敌”的战略指导思想。同时，孙武还特别重视运用政治和外交等非军事手段进攻、打击、削弱敌人，提出“伐谋伐交”、“不战而胜”的战略思想。

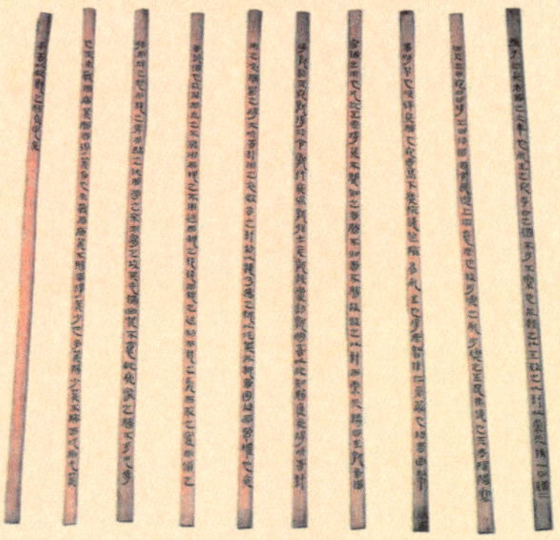
◎《孙子兵法》汉简

孙武的作战思想特别强调发挥人的主观能动性，在客观条件具备的情况下，充分运用人的智谋。灵活变化是孙子作战思想的灵魂，他认为“兵无常势”，用兵的方法也不可固定不变，必须根据战争情况的变化而变化。“诡诈用兵”是孙子作战思想的核心，他认为用兵作战的核心问题是以诡诈变化的手段迷惑、调动别人，达到“攻其无备、出其不意”的目的。

孙武在《孙子兵法》一书中，提出了一系列具有普遍指导意义的作战原则和作战方法。他的兵法思想标志着中国古代军事学的成熟。

◎"孙子"石碑

孙武严格治军

孙武是春秋晚期兵家，齐国人，后著《孙子兵法》而仕于吴，在他的治理下，吴国的军事力量一时强盛，吴国大军威震四方。

周敬王八年（前512年），伍员推荐孙武给吴王阖闾治兵。孙武献兵法十三篇，阖闾称善。为了试验孙武所著兵法的效力，阖闾命他以兵法训练宫中美女。孙武在训练中严申军纪，斩掉两名担任队长而不听约束的吴王宠妃，宫人由此大惧，进退跪起，无不听命。阖闾由此知孙武之能用兵，便任命他帮助治理军队。

◎孙武像

◎春秋时期吴国的大翼战船模型

同年（前512年），吴王欲攻楚都郢，将军孙武以为当待时机。

周敬王十四年（前506年），吴王问伍员、孙武可否伐楚。二人曰：楚将子常贪婪，唐、蔡都怨恨，与唐、蔡联合可以。吴王于是出师与唐、蔡共同伐楚。至汉水，楚发兵拒吴，二军夹水而阵。与楚五战五胜，追至郢，楚因此丧失了争霸力量。

由于吴国重用伍员、孙武治国强兵，国力强盛。春秋晚期，吴国的大军威震四方，西破强楚，北威齐、晋，南服越人。

吴师破越·勾践卧薪尝胆

周敬王二十四年（前496年），吴王阖闾战死。夫差即位，誓报父仇。周敬王二十五年（前495年），夫差任命大夫伯嚭为太宰，向他学习战射，要雪耻槜李之战之辱。

周敬王二十六年（前494年）春，吴王夫差为报父仇而率军攻越，在夫越（今浙江绍兴北）打败越军，越军退守会稽山（今浙江绍兴东南）。越王勾践率披甲持盾的5000名士兵守卫，同时贿赂吴太宰嚭而求和。越国又给夫差进献美女，太宰对夫差说：只要越国臣服就可以了。伍员认为不妥，说："越国与我国世代为仇，现不灭越，以后必然后悔，勾践是贤能之君，又有文种、范蠡等良臣辅助，如果让他们返回越国，必有后患。"此时，夫差有意向北扩土，不纳伍员之言，与越媾和。

勾践与范蠡作为人质留在吴国，勾践日夜卑事夫差以麻痹其心，国事则交给了文种。

三年后，周敬王二十九年（前491年），吴王夫差赦勾践归国，勾践励精图治，立志报仇雪恨。为了磨砺志气，不忘屈辱，他把苦胆挂在室内，吃饭之时一定要先尝苦胆。睡觉时身下垫着木柴，以使自已警惕，不得居安忘危，丧失报仇雪恨的决心。他亲自与百姓一起耕作，让夫人织布裁衣，食不加肉，衣不饰采，与民同甘共苦。经过长期的艰苦奋斗，"十年生聚，十年教训"，越国终于从失败中重新崛起。

周敬王三十八年（前482年）夏，越王勾践乘夫差远出，以大军攻吴，越以精兵4万，近卫亲军6000分两路伐吴。越大夫畴无馀、讴阳率师从南方先抵。

吴国都，吴王孙弥庸、王子地出击，胜越师，俘获无馀及讴阳。越王勾践率大军复至，大败吴师，俘获吴太子友及王孙弥庸等，破吴都。夫差归国派人求和，越王答允。

周元王四年（前473年），勾践再次大举攻吴，击败吴军，囚吴王夫差于姑苏山。

吴王夫差派公孙雄往见勾践请和，勾践不许，再次进兵吴，勾践请夫差居甬东，承诺与三百家为其服役使其终享天年，夫差愧怍，谢曰："吾老矣，不能事君王！"遂自杀。

此后，周元王封勾践为伯，即诸侯之长，勾践称霸于诸侯。

◎春秋时期吴王夫差青铜矛

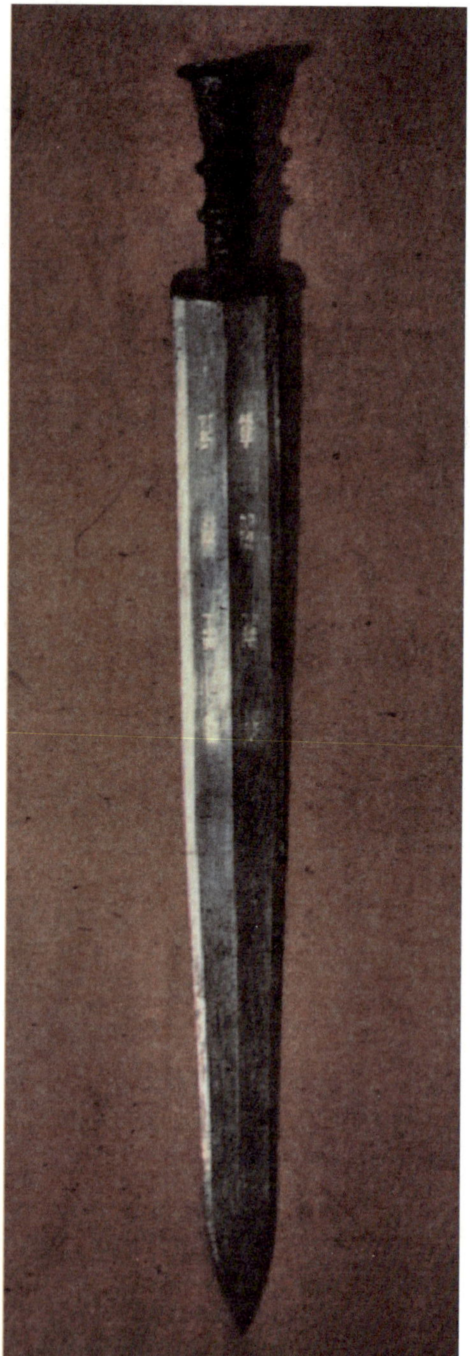

◎越王勾践剑。剑身有菱形暗纹，格上花纹嵌蓝琉璃及绿松石。出土时插在素漆木鞘中，颈上缠有丝绳。全长55.6厘米，近格处铭“越王勾践自作用剑”2行8字。此剑出土于楚墓，在墓主骨架左侧，作为随身佩剑。剑至今锋利，光泽夺目，堪称吴越名剑之代表作。

人物小辞典

名医扁鹊

◎扁鹊

扁鹊，姓秦，名越人。传说年少时为客舍长。舍客长桑君经过，扁鹊对他很友善，长桑君看出扁鹊非平凡之辈。十几年后，有一天长桑君对扁鹊说：“我有传世秘方，现年老，想把这方子传给你，你不要让外人知道。”扁鹊发誓守口如瓶。长桑君于是从怀里拿出药，对他说道：“配上池水饮服，三十日后当有效。”将秘方传给了扁鹊后消失不见。扁鹊服了三十天药后，可隔墙看见物体，诊病可尽见五脏之症结。

扁鹊于是开始行医，经过虢，听说虢太子死，扁鹊向中庶子好方术者询问太子病情后，说：“我能使他复活。”于是入诊太子，还能听到耳鸣，看到鼻翼微张，两腿之间尚有余温。

中庶子马上告知虢君。虢君悲痛不能自已，请扁鹊救活太子。扁鹊于是医治，片刻之间，太子仿佛一觉醒来，又服了两个月的药，康复如初。从此，天下人都传颂扁鹊能起死回生。扁鹊却自谦道：“不是我能使人死而复生，而是他本来就是活的，我只是使他站起来罢了。”

周敬王二十年（前500），赵鞅患病，五日不省人事，众大夫惊恐，请来扁鹊诊病。扁鹊说：从前秦穆公也得过这病，昏睡七日醒来，说见到先帝，先帝告之于命。现在赵鞅之病相同，不出三日必醒来，醒来之后必有话告诉你们。过了两日半，赵鞅果然醒来，左右告诉他扁鹊预言，赵鞅惊叹不已，赏扁鹊良田四万亩。

扁鹊的出现，代表了中国医学的兴起，他被尊为中国方剂学鼻祖。作为中国最早的名医，扁鹊的名字已成为医生的代名词，家喻户晓。

战国

大事纪

● 公元前475年
战国时期开始，进入封建社会。

● 公元前473年
越王勾践灭吴。

● 公元前403年
韩、赵、魏三家被立为诸侯。

● 公元前359年
商鞅在秦变法开始。

● 公元前341年
马陵之战，孙膑大败魏军。

● 公元前322年
张仪相魏。

● 公元前318年
五国合纵攻秦。

● 公元前316年
燕王哙行禅让。

● 公元前312年
张仪破齐楚之盟。

● 公元前308年
秦甘茂攻宜阳。

● 公元前307年
赵武灵王胡服骑射。

● 公元前301年
齐魏韩合纵攻楚。

● 公元前293年
秦韩魏伊阙之战。

● 公元前287年
苏秦合纵五国攻秦。

● 公元前284年
乐毅率五国联军伐齐。

● 公元前283年
蔺相如完璧归赵。

●公元前279年
田单用火牛阵攻燕，恢复齐国。

●公元前278年
屈原投汨罗江。

●公元前270年
范睢入秦，秦实行远交近攻计。

●公元前260年
长平之战，秦白起大破赵括。

●公元前258年
秦围邯郸。

●公元前257年
魏信陵君救赵，大破秦军。

●公元前256年
秦灭周。

●公元前251年
李冰父子修都江堰。

●公元前238年
秦王政亲政。

●公元前230年
秦灭韩。

●公元前228年
秦攻占赵都邯郸。

●公元前227年
荆轲刺秦王失败。

●公元前225年
秦灭魏。

●公元前223年
秦灭楚。

●公元前222年
秦灭燕、赵。

●公元前221年
秦灭齐。

《春秋》记事结束·战国时代开始

《春秋》为我国最早一部编年史著作，其记事上起鲁隐公元年（前722年），下迄鲁哀公十四年（前481年）。其中鲁哀公十四年（前481年）以前据传为孔丘据鲁史改编而成，以后两年为其门人续作。《春秋》以鲁十二君（隐、桓、庄、闵、僖、文、宣、成、襄、昭、定、哀）纪年，共记二百四十四年史事。

进入战国时代之后，中国文明在行为、生活方式、科学与艺术形象上更加丰满、深刻，也具有更多的联系性。

表现在政治上，在这一时期中，战国七国确定了形象，战争主要以联盟，而不是以个体的方式进行，各地域人民的性格开始定型，它们的分化组合构成主要的政治格局。

三家分晋一般被作为战国文明

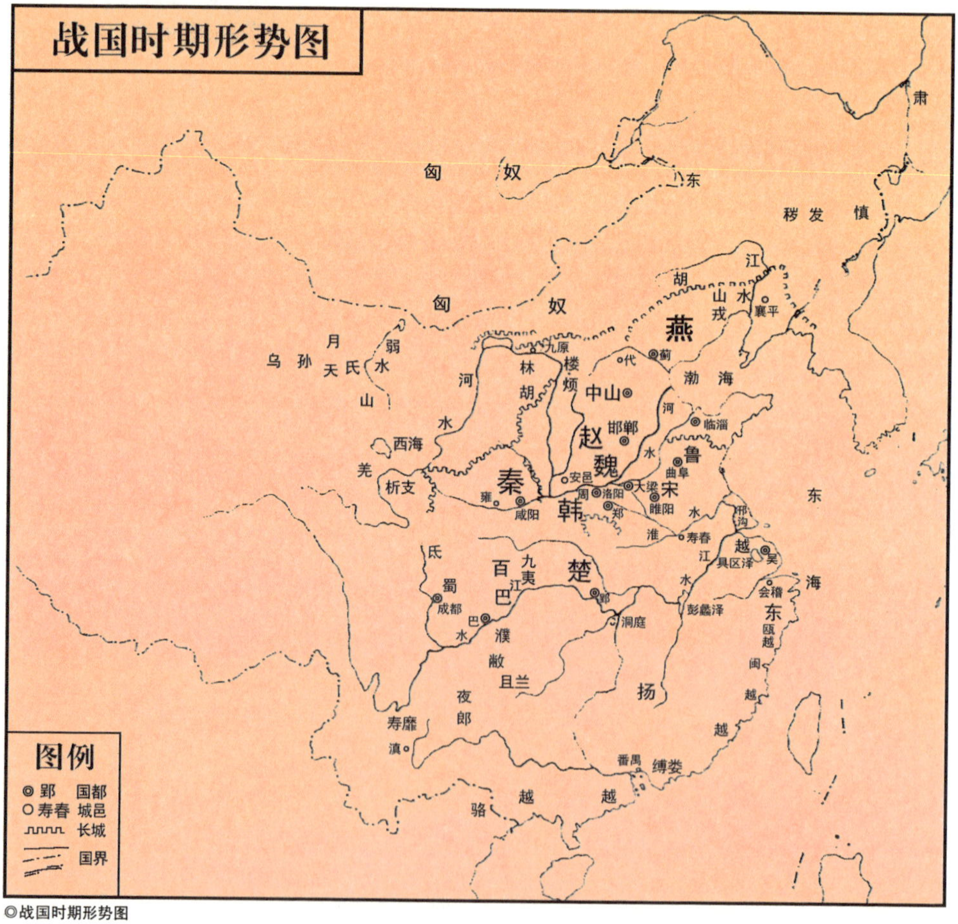

◎战国时期形势图

进入战国时代的标志，这是战国文明前期最后一次重要分化，此后兼并之战连年不息。春秋战国时代的兼并形成了战国后期七个主要国家并立的局面。七国之间的战争和联盟构成了战国时代的主要内容。

春秋以来的个体化发展使得七国人发展出了各自不同的性格。秦人具有边远游牧民族朴实、坚强、重实利的性格，其耕战使得他们力量最为强大。另一方面，他们又是最正统的中国人，其文字风格继承了西周的标准字体。

楚人带有一些边远民族的特色，但更多的是诡异、华丽和神秘的南方色彩，楚国人的绘画、神秘宗教以及楚国的诗歌都是如此。中国的神话和占星、巫术主要来源于楚和南方各民族。

中原各国在很多方面继承了东周的遗产，有一种中央意识，但更多的是机会主义，在夹缝中左支右绌。

战国时代的政治仍是各国之间的征战，但出现了联合的明显趋势。合纵、连横就是其中的显著代表，联盟作战有了比春秋松散联盟更重要的意义，并最终走向统一。

战国时代个人人格的发展更为丰满，战国军事家、政治家、说士纵横于政治舞台上，商鞅、屈原、聂政、荆轲、项羽、田横……都用自己的人格发展为我们展示了人的生命价值的可贵。

勾践灭吴·夫差自杀

前494年，吴败越后，越王勾践卧薪尝胆，抚恤国民，寻机报仇。

前482年，夫差在黄池（今河南封丘南）会集北方诸侯，把精锐部队带走，只留下老弱留守。越国趁机发兵五万多进攻吴国，大败吴军，杀吴王太子。夫差收到报告后，请人以厚礼向越请求和解。越王觉得现在还没有力量灭吴，就答应了请求。

四年之后，越国已变得强大，而吴国因为连年征战，精锐人马多死于齐、晋，士民疲敝。越王勾践趁机率兵讨伐吴国，大败吴军于笠泽（今江苏苏州南）。

前476年，越再次伐吴，越军围吴国三年，吴军被击败。越军将夫差

◎战国武士靴形钺。器作靴形，平刃，銎为椭圆形，銎侧有一环纽。正面一绳索圈内铸一人。在其左右有一些不知名图案。背面有六人。图案与纹饰具有春秋战国时期南方越族文化的鲜明特点。

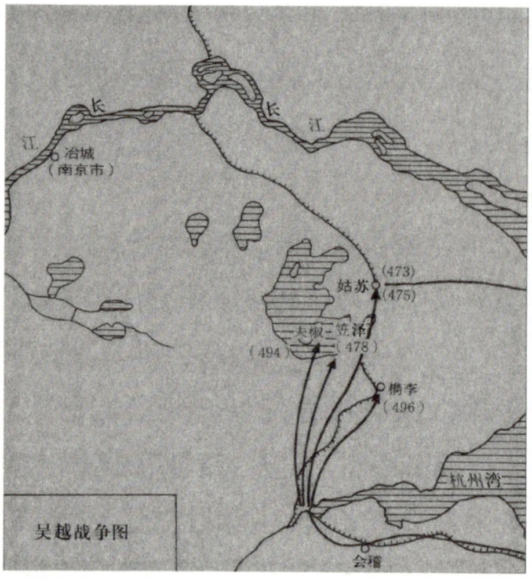

◎吴越战争图

困于姑苏山（今江苏苏州西南）。夫差派公孙雄肉袒膝行请求和解，而勾践不许。越灭吴后，越王勾践请吴王夫差到甬东（今浙江舟山岛普陀北）居住，并给他三百男女，使他可以终老，夫差拒而自杀，临死前以手遮面，痛哭无颜见伍子胥。

前473年，越灭吴后，勾践率兵北渡淮水，与齐、晋等诸侯会于徐州（今山东微山东北），向周进贡。周元王派人赐胙，并封勾践为伯。越成为当时大霸。

韩、赵、魏三家分晋

晋平公、晋昭公时代，晋君已为大臣所左右，形成了政出大夫的局面。战国早期，晋国卿大夫势力以知氏最强。知氏曾率晋国势力颇大的赵、韩、魏三卿，攻灭范氏和中行氏。周贞定王十四年（前455年）知瑶向韩索取土地，韩康子听从臣下建议，派使臣将万家之邑送给知氏。知瑶又索地于魏，魏宣子根据“欲擒故纵，欲取故与”的原则，也使人将万家之邑送给知氏。知瑶连连得手，便愈来愈骄横，派人索地于赵，指名要赵将蔡和皋狼两地送给知氏。赵襄子拒绝了知氏的勒索，知瑶大怒，遂率韩、魏的军队征伐赵。赵襄子寡不敌众，便逃奔到晋阳固守抵御。知瑶遂率大军围困晋阳。

从周贞定王十四年（前455年）到十六年（前453年），三家军队围困晋阳前后三年，并引汾水灌晋阳城。晋阳城中悬釜而炊，巢居而处，易子而食，士卒疲病，形势十分危急。赵无恤恐惧不已，遂派其相张孟谈出城，夜会韩、魏之君，晓以唇亡齿寒之理，说：“现在知伯正统率大军攻伐赵国，赵国将灭亡，赵亡后就轮到你们两位了。”韩、魏与赵遂联合共同对付知氏。赵、韩、魏三家大败知氏军队，擒杀知瑶。其地为赵、韩、魏瓜分。

三家灭知氏以后，晋国大权由三家执掌，晋君反而要朝见赵、魏、韩之君。“三家分晋”的局面正式形成。

李悝改革

魏文侯四十年（前406年），魏文侯任用李悝在经济上实行“尽地力之教”和“平籴法”。

“尽地力之教”是李悝经济改革的主要内容之一，目的是破除旧有的阡陌封疆，鼓励自由开辟耕地，勤谨耕作，以增加生产，培植封建的小农经济。具体做法是：规定农民必须同时播种稷（小米）、黍（黍子）、麦、菽（大豆）、麻五种作物，以防播种单一作物，一旦遇到灾害时无法补救。促使农民努力来耕作。在住宅四周，要种植桑树，以供养蚕。菜园里要多种蔬菜，田地之间的埂上也要利用空隙来种植瓜果。总之是要充分利用空闲的土地，扩大农副业生产。

李悝在经济改革中的另一项重要措施是实行“平籴法”：将好年成分为上、中、下三等，坏年成也分成上、中、下三等，好年成由官府按好年成的等级出钱籴进一定数量的余粮，到了坏年成，再由官府按坏年成的等级平价粜出一定数量的存粮。此即后世封建王朝的“均输”、“常平仓”等法的先河。平籴法在很大程度上限制商人的粮食投机活动，抑制了粮价的暴涨暴跌，在一定程度上还可以防止农民破产和贫民流亡，进一步巩固了地主经济，使魏国国富兵强。

◎战国前期蛙蛇形马饰。马饰件。由一小蛙和一双蛇捕蛙形象构成一组饰件。这种造型也见于广西青铜器，可见为当时南北方各少数民族喜爱的一种主题图案。

李悝在政治上则推行“食有劳而禄有功”和“夺淫民之禄以来四方之士”的政策，废除旧的世卿世禄制，改为按功劳大小和对国家贡献多寡，分别授予职位和新的爵禄。

军事上，他创立了常备“武卒”制度，使国家始终保持强大的军事力量。

法律制度上，他在广泛收集春秋末期以来各国法律条文的基础上，编著了我国历史上第一部系统的封建法典——《法经》，用法律形式把封建地主阶级的利益确定下来。《法经》原文早已亡佚，其主要内容有《盗法》、《贼法》、《囚法》、《捕法》、《杂法》、《具法》六部分。

《法经》出现后，魏国一直沿用，后由商鞅带往秦国，秦律即从《法经》脱胎而成，汉律又承袭秦律，故《法经》在中国古代法律史上有非常重要的地位。李悝的改革不但使魏国很快富强起来，而且在中国历史上具有重大的意义。

从李悝开始，战国时代政治、法律、经济、军事、文化的革新逐渐步入更深入、更普遍的层面，即整个社会结构和制度的变动。从此，中国文明进入更广泛、更深刻和更抽象的高度。

小文化辞典

《中庸》

子思（前483年～前402年），姓孔，名伋，孔鲤之子，孔子之孙，鲁国陬邑（今山东曲阜）人，相传为曾参弟子，后世尊子思为“述圣”。子思以儒家道德观念“诚”（真实无妄之意）为世界本质，以“中庸”为学说核心，著有《中庸》。

《中庸》将“诚”视为超乎时空、独立自成的精神实体，又视之为社会伦理制度之准则，认为天地万物依赖它而存在，又以“诚”为天人合一的理论依据。

《中庸》是儒家经典之一，重点发挥了孔子“过犹不及”的思想，要求人们追求“和而不流”、“中立不倚”的境界，在君臣、父子、夫妇、兄弟、朋友这五种关系中实行智、仁、勇三德，以此为修身、治人、治国的基本。

《中庸》的核心观念是“诚”。这些观点对后世的思想产生了深远影响。子思的弟子孟子也发挥其说，形成战国较早的儒家流派代表——思孟学派，思孟学派作为发扬孔子学说的主要派别，对后来宋明理学影响极大。

中国首创生铁铸造技术

春秋战国时期，中国在世界上首先发明生铁铸造技术。冶炼生铁必须具备几个最为基本的条件：一是具有足够高的温度，二是始终保持足够强的还原性气氛，三是具有足够大的冶炼空间。中国古代很早发明了竖炉炼铜，积累了一整套高温还原冶炼的经验，中原地区在冶炼出块炼铁后不久，就炼出了生铁。长沙杨家山鼎形器等，是迄今发现的中国也是世界上最早的生铁铸件。

中国首创了化铁炉技术和铁范铸造技术。

化铁炉技术。1977年，河南登封阳城外发现一座战国铸铁遗址，出土了许多炉底残块和炉壁残块。前者是由掺了粗砂的黏泥制成，后者依工作部位的不同，从材料到构筑方式都有

◎战国铁斧范。据化验为含碳3.82%的标准白口铁，说明是采用液体生铁铸造的。

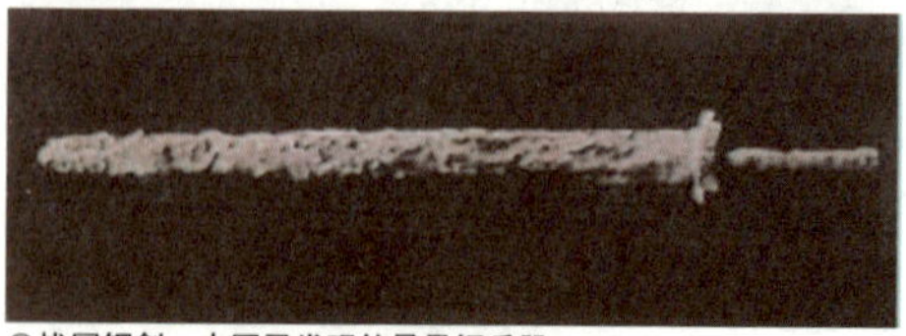

◎战国钢剑，中国已发现的最早钢兵器。

三种情况：一是炉底周壁残块，是由耐火泥夹入铁锄残块制成；二是炉腹内壁残块，是用泥条盘筑而成；三是炉壁口部残块，是由草拌泥条上下重叠而成。

◎战国铁臿

陶范铸造。登封阳城陶范的器形有锄、镰、斧、刀、削、戈、带钩等，所有范料都由细砂精制而成。

铁范铸造。铁范约发明于战国前期，战国中晚期后，人们将它用于农具、手工业工具的铸造上。今河北兴隆出土的战国铁范共有87件，器形有锄、镰、斧、凿、车具等。铁范可反复使用多次，能减小工作强度，提高生产率。

◎战国双镰铁范。经化验证明为标准的白口铁铸件。范腔光滑，范壁厚薄均匀，浇铸时受热均匀。

生铁铸造技术的掌握及其后不久生铁经退火制造韧性铸铁和以生铁为原料制钢技术的发明，标志着生产力的重大进步。铁器在更大程度上满足了社会生产、社会生活的需要。

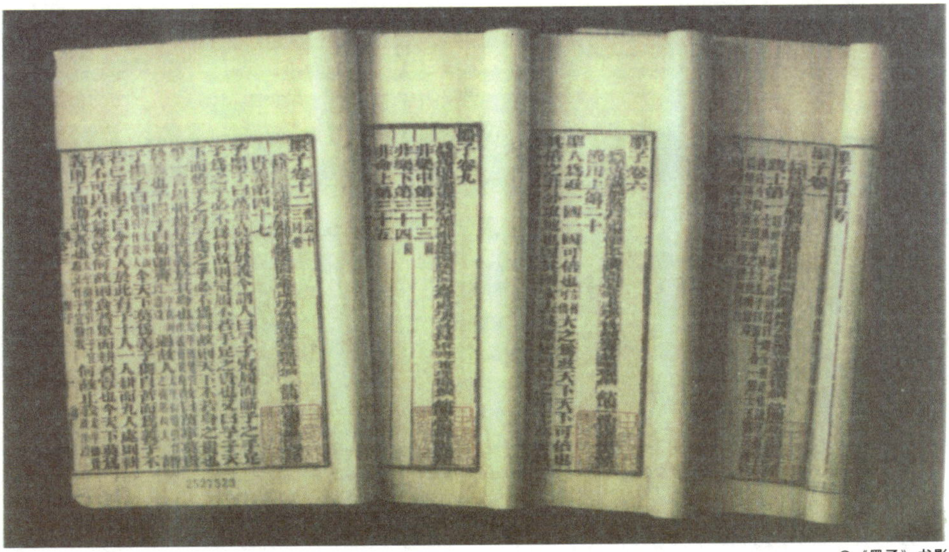

◎《墨子》书影

小文化辞典

墨家学派

◎墨子像

墨翟，鲁国人，生活于孔子之后，孟子之前。曾为宋国大夫。相传墨翟早年曾受过儒家教育，后来却抛弃儒学，创立了墨家学派。《墨子》一书，一共有53篇，大部分内容是墨翟的弟子或再传弟子记述墨翟言行的集录。墨子的社会理论是“兼爱”，用“兼相爱，交相利”的原则作为拯救天下的药方。同时，“节用”是墨翟学派的经济理论的核心，他反对穷奢极欲、挥霍浪费，“节葬”、“非乐”就是由此而提出的。

相传公输般为楚制作攻城的器具将要攻宋，墨翟闻讯就从齐步行十日十夜至郢都见楚王和公输般，宣传“兼爱”、“非攻”的道理，让楚不要攻宋，并和公输般比试攻防的器具效能，使公输般甘拜下风。墨翟还派300弟子赴宋帮助坚守。

墨家学派的重要贡献在于其科技上的观点。墨子力学的展开方式是墨子三表法的应用，也就是在对事物的本、原、用中展开对象。运动（动、行）在他的物理学中有重要的地位，墨子实际上在运动中考察时间和空间，从而在运动中把它们合为一体，这与古希腊乃至西方的时空分离是不大相同的，因此可以说，时间和空间的组合是在运动变换中完成的，用时空作为运动的用，这就是组合变换。墨经在力学上的主要贡献是在分析上，以发悬物（若发长均匀，则力分散平均）、杆杠、球体平衡、垒石平衡就都具有这一特点。

墨子的光学是墨经中的一部分，在墨经中其他物理学科占分量极少的情况下就显得尤为突出。虽然表面上它包含了很像是几何光学的东西，却不是现代意义上的几何光学。墨子几何光学的核心是影，它是在影的构成和变化的说明中包含了几何光学的东西。因此，墨子几何光学是其变换范式的一个应用，这个范式是三表法中“用”的升华，即在用对象中，在使他物作用于对象使之变换中展开对象的性质。

吴起改革·遭致杀身

周安王十二年（前390年）前后，吴起在与贵族商文争夺相位的斗争中失败，被迫离开魏国，投奔楚国，被楚悼王任命为北部边防要地宛（今河南南阳市）守，以加强对魏、韩二国的防御。次年，又任命吴起为令尹（相当于国相）。

周安王十七年（前385年），吴起开始在楚国主持变法。吴起认为楚国地广人多，军队有百万之众，曾经称霸于诸侯，现在国家却贫弱不堪，主要原因是大臣权势过重，受封食禄者太多，不仅耗费大量国家钱财，还利用权势对上威胁国君，对下欺压百姓。要改变这种局面，只有“明法审令”，重新编定官员等级，制定奖惩的章程，实行变法革新。

政治上，首先压抑贵族，集权中央。封君凡已传三代者，均取消爵禄，子孙不能再继承。公族出五辈者，一律取消特权和俸禄，迁到边远贫瘠的地区从事生产，自食其力。原有土地由国家收回，在政治上和经济上给旧贵族以沉重打击。又整顿政治机构，裁减无能无用和不必要的官员，并削减官吏的俸禄，用以抚养战士，奖励军功。严禁私门请托，互相勾结，危害国家。提倡尽忠于国，不得因个人“私”利损害国家利益，从而限制了贵族对国家的干预。

◎战国虎鹿牛贮贝器。云南古墓群出土。器身为圆筒形，三器足作人形跪举状。器内装有海贝。筒身铸阴纹，以弦纹和节纹横向区分三段，段间铸雉鸟衔蛇和鹿群等图象。含有一定的宗教意义。

军事上，提出“厉甲兵以时争于天下”，建立强有力的军队，由国君统率，用它统一全国。为了加强首都防卫，城墙高度由过去的两板增加到四板。还明文规定不许纵横家在国中游说。吴起还为楚国开拓疆土，南收扬、越，北并陈、蔡，击退三晋，攻秦国，并进逼魏之黄河两岸。

◎吴起像

吴起变法沉重地打击了楚国旧贵族，加强了王室的权力，使楚国迅速强盛。但是，吴起的变法重点在于中央集权和强兵等方面，缺乏改革社会经济制度的措施，更未触及土地所有制问题，改革并不全面，有些措施未能赢得人民的广泛拥护，旧贵族更是对其恨之入骨。变法之初，便遭到旧贵族强烈反对。

周安王二十一年（前381年），楚悼王去世，吴起被贵族车裂肢解而死，但他的变法对楚国产生了深远影响。

田氏代齐

经长期发展，田氏终于代姜氏据有齐国。田氏本是郑国贵族。春秋初年郑国内乱，公子完逃往齐国，被齐桓公任命为“工正”。公子完的后代就是齐国的田氏。齐景公时，田桓子采取各种手段笼络民心，使齐国的大量民众逃往田氏门下。

周敬王三十一年（前489年），田桓子之子田乞（田僖子）发兵驱逐齐国旧贵族高氏和国氏，由田氏控制了齐的军政大权。齐简公时，田乞之子田常与监止任左右相，监止得简公宠信，谋杀田常。在民众支持下，田常以武力取胜。田常（田成子）继续采取小斗进、大斗出的办法，争取民众支持，民间流传着“妪乎采芑，归乎田成子”的歌谣，表明齐国民心向着田氏。

周敬王三十九年（前481年），田成子将出逃的齐简公和监止捉回杀死，将鲍氏、晏氏以及有势力的公族一一诛除。

周安王十一年（前391年），田成子曾孙田和将齐康公迁于海上，使食一城，以奉其祀，田和遂有齐国。

周安王十五年（前387年），田和与魏武侯、楚人、卫人会于浊泽（今

◎战国铁胄。甲胄是疆场自我保护手段之一。在冷兵器时代，甲胄的作用明显。甲胄的制造与使用，与生产、战争艺术的发展有密切关系。

◎战国镶嵌云镜。照容用具。齐国故城出土。

◎战国云纹削刀。文书用具。刀身微弧，窄把，尾端有椭圆形圈钮。刃部锋利，脊背厚实。刀身饰云纹。小巧精美。

河南白沙水库东），求为诸侯，魏武侯派使臣言于周安王和诸侯，转达田和的请求，周安王许之。

第二年，田和正式立为齐侯，列于周室并改元。齐侯太公田和死后，其子午继位为齐桓公。

周安王二十三年（前379年），齐康公贷死，姜齐亡，其奉邑皆入于田氏。

至此，田氏代齐彻底完成。

小辞典 文化

“帝王教科书”——《尚书》

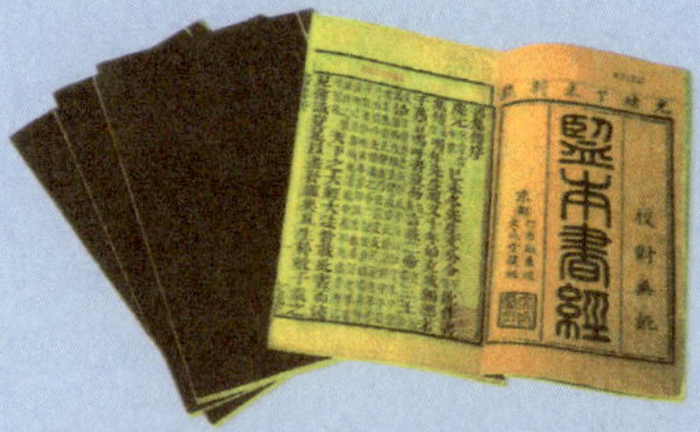

◎《尚书》书影

《尚书》，中国古代的一部历史文献汇编，又称《虞书》、《夏书》、《商书》、《周书》，战国时总称为《书》，汉人改称《尚书》。“尚”的意义是上古，“书”的意义是书写在竹帛上的历史记载，“尚书”意即“上古的史书”。

《尚书》所录，据称为虞、夏、商、周各代典、谟、训、诰、誓、命等文献，其中主要记载商、周两代统治者的一些讲话记录，少数篇目为春秋战国人根据往古材料编成。

关于《尚书》编订年代，以前有说为孔子所编，近代学者多认为《尚书》编订于战国时期。秦始皇焚书后，《尚书》多残缺，汉初，《尚书》存29篇，为秦博士伏生所传，用汉时隶书抄写，称为《今文尚书》。西汉前期，鲁恭王拆毁孔子故宅，发现另一部《尚书》，以先秦六国时字体书写，称为《古文尚书》，比《今文尚书》多16篇。

《尚书》中涉及的虞、夏及商代部分文献是据传闻写成，不尽可靠。但多数为殷商、西周时期作品，具有重要的文献价值。体例上，“典”是重要史实或专题史实的记载；“谟”是记君臣谋略的；“训”是臣开导君主的话；“诰”是勉励的文告；“誓”是君主训诫士众的誓词；“命”是君主的命令。其它还有一些以人名、以事、以内容为标题。

《尚书》内容丰富，在中国史学、文学、政治学上占有重要地位。如《盘庚》篇记载了商朝中期盘庚迁殷这一重大事件，反映出迁殷的原因、迁殷前后的社会思想状况和商王盘庚迁殷的决心及其对贵族们的反复告诫。

自汉以后，《尚书》一直被视为中国封建社会的政治哲学经典，既是“帝王的教科书”，又是贵族子弟及士大夫必遵的“大经大法”，在历史上有重要影响。

秦献公改革秦政

周安王十五年（前387年），秦惠公卒，子出子即位。出子年幼，秦国政权实际上掌握于其母亲小主夫人和宦官之手，政治黑暗，秦国内部开始骚动。

此时，出奔在魏的公子连（师隰），想重新返回秦国，夺取政权，国内反对小主夫人的新兴势力也期待他回国。他几经周折，从焉氏塞（即乌氏塞，今宁夏固原东南）入境，在秦庶长菌改的策划下，将他接回秦国。小主夫人闻讯，发兵讨伐。但秦国军民反对秦出子母子，进军途中，吏卒倒戈转而拥护公子连。公子连在军队拥护下回到秦都城雍(今陕西凤翔西南）。小主夫人见众叛亲离，在一片绝望声中自杀，秦出子也被杀，公子连取得君位，是为秦献公。

秦献公即位之初就下令废止已相沿数百年之久的人殉制度。

周烈王元年（前375年），秦献公

◎秦都雍城城墙遗迹

将秦国人户按5家为一伍的单位编制起来，称为“户籍相伍”。这一制度与宗族制不同，大大削弱了人与人的宗法依附关系，促进了生产发展。秦虽非首先实行户籍制度，但秦的户籍制却最严格、最规范，今天我们的户籍制就是这一制度的延续。

秦献公即位后的第二年，命令修筑栎阳（今陕西富平东南）城，并迁都于此。栎阳距魏很近，因为此时河西地区尚为魏所拥有。秦献公迁都于栎阳，主要是出于军事需要考虑，反映了他恢复河西地区的决心。另外，栎阳“东通三晋，亦多大贾”，是商业贸易繁盛、往来要冲之地。献公迁都于此，对于秦国摆脱闭塞状态极为有利。

秦献公还集中推行广县制。秦国早在春秋时期就在边远地区设置带有军事性质的县，战国初期又不断增置，如周贞定王十三年（前456年）设频阳县（今陕西富平东北）、周安王十三年（前389年）在陕（今河南三门峡西）设县。周安王二十三年（前379年），秦献公把蒲、蓝田、善明氏等改建为县，周烈王二年（前374年），秦献公又在栎阳设县。郡县制后来成为我国地方行政制度的核心。

由于秦献公采取了一系列的措施，秦的国力迅速上升，使秦国在与三晋的斗争中由败转胜。

周显王三年（前366年），秦国出兵向韩魏联军进攻，大败韩魏联军于洛阳，取得首次重大胜利。

可以说，秦献公是秦国发展史上一位有贡献的杰出人物。

战国蚕桑业发展

战国时，蚕桑业大有发展。桑树栽植不仅早就进入大量人工栽培时期，而且已从自然生态的乔木生长形态过渡到人为经济利用的各种栽培形式。从战国铜器的采桑图案看，既有美观而高产养成的乔木桑，又有经过剪定的高干桑和低干桑。养蚕技术也有显著进步。

战国时的思想家荀况所著《蚕赋》描述了蚕的形态和生活史，对蚕的生活习性有较深入的观察研究。譬如《蚕赋》把蚕生长发育所需的环境条件概括为“夏生而恶暑，喜湿而恶雨”。

◎战国铜镜采桑图纹饰

◎战国对凤对龙纹绣浅黄绢面锦袍。锦袍为交领、右衽、直裾式；两袖平直，宽袖口，短袖筒。袍面是对凤对龙纹绣浅黄绢，袍里是灰白绢。领和袖缘皆用条纹锦，襟和下摆缘均用大菱形纹锦。

◎战国凤鸟花卉纹绣浅黄绢面锦袍。锦袍为交领、右衽、直裾式；两袖平直，短袖筒。

◎战国秋衣。秋衣两襟对中，双袖平直，腰与下摆等宽，凹后领。

秦孝公发奋强秦

秦国经秦献公改革，到秦孝公继位时（前361年），面貌已大为改观，但与秦穆公时代的盛况相比仍有差距。这时，齐、楚、魏、燕、韩、赵六国并强，秦国处于僻远的雍州之地，一般不参与中原诸侯会盟，中原诸国视秦如同夷狄。

对此，秦孝公深以为耻，决心发奋图强，“修德行武，东平晋乱，以河为界，西霸戎翟，广地千里，天子致伯，诸侯逾华贺。”孝公又明令求贤才，能出奇计强秦者，将予之高官，分以土地。同时，施惠百姓，赈济孤寡，招募战士，明功奖赏。

秦孝公求贤若渴的诚意逐渐影响四方，四方人士纷纷入秦，为秦国变法奠定了坚实的人才基础。

◎战国鼎形灯。此器造型敦厚，具有浓厚的秦器风格。

两周分裂

周考王元年（前440年），周考王即位，以成周为都城（今河南洛阳

◎战国中期三角云纹豆。盛食器。通体以三角几何纹和蟠螭纹为主体，盖缘与口沿饰斜角雷纹和勾连雷纹。盖与腹部纹饰构成整体图案。

东郊白马寺之东），封其弟揭于河南（即王城，今洛阳王城公园一带），以续周公之官职，是为西周桓公。桓公去世后，子威公代立。

周显王二年（前367年），威公死，其少子公子根与太子公子朝争立，韩、赵乘机帮助公子根在巩（今河南巩县西南）独立为东周，从此，周分裂为东周和西周两个小国，领土与国力都极为弱小。

文化小辞典

《甘石星经》

甘德，齐人（一说楚人）。相传他测定恒星118座，计500多颗星，著有《天文星占》八卷，今佚。

石申，魏人。相传他测定恒星138座，计810颗星，著有《天文》八卷，今佚。但在唐《开元占经》中有大量节录。二人精密记录黄道附近120颗恒星位置及其与北极距离，这是世界上最古老的恒星表，它比欧洲第一个恒星表——希腊伊巴谷的星表早约200年。甘德发现的木星三号卫星，比意大利伽利略和德国表依耳的同一发现早近2000年。

书中二十八宿用“距离”（即赤经差）和“去极度”（赤纬的余弧）刻画，其余星用“入宿度”和“去极度”刻画，这与现代用赤经和赤纬来刻画天体位置使用的是同一个原理，这也就是赤道坐标系，而同时代希腊使用的一直是落后的巴比伦黄道坐标系。这一类星表把周天分为365又1/4度，与巴比伦传统的360度不同，是中国的特色，正与四分历相合。《甘石星经》对行星行度也有精密的测量计算，其后星术体系更是全面，影响了中国天文学、占星术和政治几千年。

◎楚国竹简

◎战国竹简

战国普遍使用铁制农具

战国时期，冶铁业发展迅速，各种农具已普遍用铁制造。铁镰、铁锥、铁锄为当时农民的必备工具，铁农具已成为农民不可离开的重要生产工具。考古发掘中出土的大量实物更是当时铁制工具广泛使用的确凿证据。在河南辉县的五座魏墓中，出土了犁铧、铁镰、铁斧等农具58件。在河北兴隆燕国遗址中，一次发现了制造农具的铁范共87件。在石家庄赵国遗址出土的铁制农具，占各类工具总数的65%。在辽宁抚顺莲花堡燕国遗址中出土的铁农具，占全部出土农具的90%以上。原战国七雄所在地区，都有铁制农具出土。

以上铁农具已能使用于农业生产的各个环节：垦地、翻土、开沟、整地、除草和收获。同一器类的铁农具还有不同的形式。

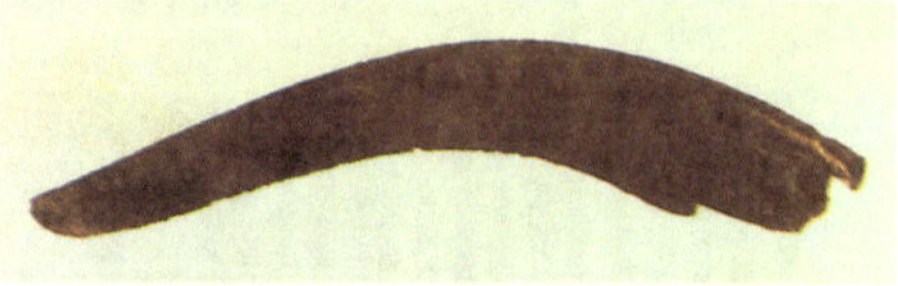
◎战国时期的铁镰刀

◎战国时期的铁犁头

战国时期的农具绝大多数都是木心铁刃的，即在木器上套了一个铁制的锋刃，这就比过去的木、石农具大大提高了生产效率。从考古出土的实物看，当时使用呈V字形的铁犁头，有利于减少耕地时的阻力；铁镭可增加翻土深度；铁耨则可有效地用于除草、松土、复土和培土。此外，这一时期推广的连枷，是一种有效的脱粒农具，为后世所长期沿用。

战国中期以后，铁农具的成型和加工工艺技术都达到相当高的水平，普遍采用白口铁铸件经控制脱碳热处理的方法来制造农具，解决了某些农具既要求有坚硬锋利耐磨的刃口，又要具有韧性的矛盾。

商鞅变法

商鞅，本名卫鞅，卫国庶公子，少好刑名之学，后在魏相公叔痤门下为中庶子（家臣），公叔痤赏识商鞅的才能，亲自向魏惠王推荐商鞅，说鞅年虽少，有奇才，愿王举国而听之。魏惠王不以为然，商鞅终不见用。孝公元年（前363年），商鞅听说秦孝公下令求贤，于是怀揣李悝的《法经》西入秦国，通过秦国大臣景监见秦孝公。

◎商鞅方升。量器。斗为长方形，直壁，后有长方形柄。方升外侧有铭文三十二字，记秦孝公十八年（前344年），齐国率领卿大夫来秦访问，是年冬，大良造鞅乃积算以十六寸五分之一寸为一升。

第一次见孝公，商鞅向孝公论“帝道”，孝公提不起兴趣，边听边打瞌睡。五天之后，商鞅再次面见孝公，对孝公说“王道”，孝公还是不感兴趣。商鞅第三次见孝公，说以“霸道”，孝公听后有所感悟，商鞅由此而知孝公兴趣所在，于是继续畅言“霸道”，孝公不知不觉间离席趋前靠近商鞅侧耳倾听。商鞅畅谈“霸道”数日，孝公毫无倦意，认为商鞅的强国之术完全可行，于是起用商鞅为左庶长，积极酝酿在秦国变法革新。

商鞅针对过去贵族“有罪可以得免，无功可以得尊显”的旧制，规定国君的亲属（宗室）无军功者不得列入宗室属籍，凡人民立军功者，均按功劳大小赏赐封爵，从而废除了世卿世禄制度。

商鞅进一步实行户籍制和连坐法，颁布“令民为什伍”的法令：凡境内居民，无论男女老少都要进行户籍登记，以五家为“伍”，十家为“什”，“伍”、“什”之间要互相监督，如果其中一家犯法，邻家不去官府告发，则十家同罪连坐；不检举告发奸人的，处以腰斩；告发者可与斩得敌首者同样奖赏；如果隐匿坏人而不去告发，就要受到与“奸人”一样的处罚。商鞅主张对轻罪用重刑，又增加了凿颠、抽肋、镬烹等刑罚。

秦国地广人稀，荒地较多。为促进农业生产的发展，商鞅还颁布了奖励耕织、垦荒的法令，规定：凡努力从事农业生产，能使粮食和布帛增加产量者，可免除本人的劳役和赋税；凡不安心务农而从事工商业或游手好闲而贫穷者，其全家没入官府罚做官奴。

此法初行，秦民苦不堪言。三年后，百姓感觉生活方便。行十年，秦民大悦，道不拾遗，山无盗贼，家给人足，人民勇于公战，怯于私斗，乡

◎商鞅像

◎商鞅戟

邑大治。

孝公十二年（前350年），秦在咸阳（在今陕西咸阳市东北）筑冀阙，徙都咸阳。

商鞅革除游牧民族遗风，严禁父子兄弟同室而居，归并小乡邑为四十一县，置令、丞，废井田，开阡陌疆界，定赋税法。统一斗、桶、权、衡、丈、尺度量规格。

五年后，变法见效，秦富强，天子致胙，诸侯来贺。

商鞅变法为秦国最终统一六国奠定了坚实的基础。

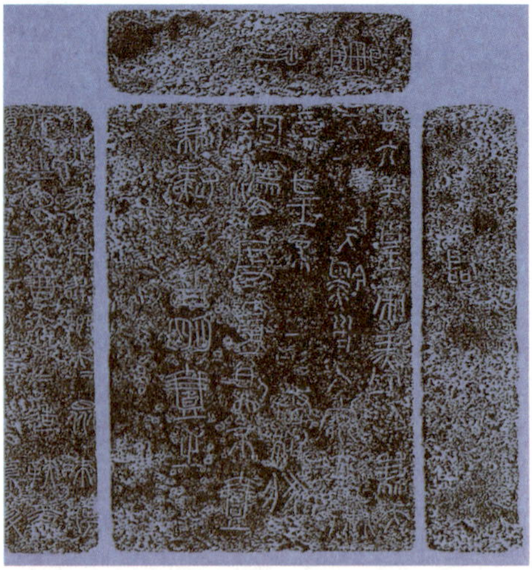

◎商鞅方升铭文。升的底部刻有秦始皇二十六年统一全国度量的诏书四十字。从方升铭文记载可知此为商鞅统一秦国度量所规定的一升容积的标准量具，说明秦始皇是以商鞅之制作为统一全国度量制度的标准。

文化小辞典

《禹贡》

《禹贡》托名大禹，作于战国时代，作者不详，是较早的地理著作，为《尚书》中的一篇。从地理学角度来看，其价值在《山海经》之上。书中假托大禹治水经过，把中国东部按自然条件中的河流、山脉和大海等自然分界，划分为九州。从冀州开始，依次是兖州、青州、徐州、扬州、荆州、豫州、梁州和雍州。同时分别叙述每州的山脉、河流、薮泽、土壤、物产、交通、田赋、民族等情况。

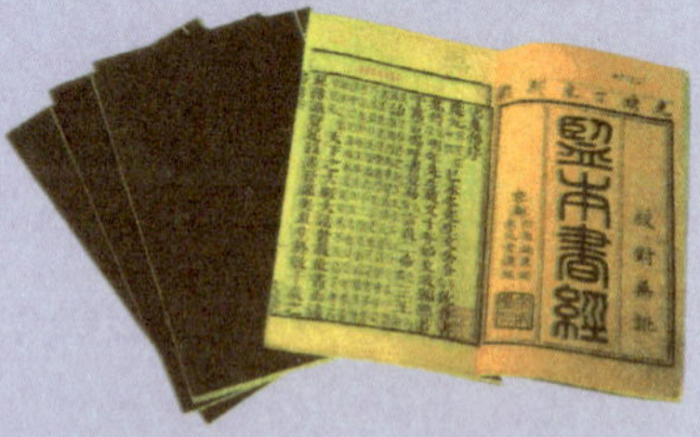

◎《禹贡》书影。《禹贡》是《尚书》中的一篇，古代著名地理著作。该书打破了当时诸侯割据的政治疆界，假托大禹把全国分为九州，分别叙述了各州的地理概况，并且对黄河、长江两大流域的山川、土壤、物产、贡赋、交通等，作了比较全面的描述。

《禹贡》之所以比《山海经》高出一筹，是因为它不仅仅罗列各种地理事物，而且在划分九州的基础上萌生了显示自然区划的思想；同时，它还用区域对比的方法，反映出了各州的不同地理景观和地带性的特点；对九州的土壤也进行了分类。《禹贡》对于当时以黄河为中心的水系网络记述得井然有序，提供了古河道情况的宝贵历史资料。

《禹贡》还有"导山"和"导水"两部分，对于山系和水系的描述明了和准确。"导山"部分从北向南顺序列出了4条山列，自西向东延伸，而且是西部集中，东部分散，正确反映了中国西部多山、东部平坦、西高东低的地形特点。"导水"部分对9条河流的水源、流向、流经地区、汇纳的支流和河口等内容都作了叙述。

可以说，《禹贡》是中国历史上出现较早、影响很大的一部自然地理考察著作和原始的经济地理著作，也是现存最早的全国性区域志。

中国产生气功

气功是通过调身、调息、调心相结合，以内外兼练、动静结合的自我身心锻炼的功法。它是中国古代流传下来用于医疗保健等各种功法的总称。古称吐纳、导引、行气、食气、服气等。练功者通过对身心（形体和精神）呼吸等进行特定的自我锻炼，而调动生理潜能，培育人体真气（体能及其信息），达到防治疾病、保健强身、抵抗衰老、延年益寿的目的。气功一词始见于晋代许逊《净明宗教录》。

◎战国行气玉佩铭。这是我国已知最早的气功专门文献的珍贵文物，论述了气功调息的方法要领。

据《吕氏春秋·古乐篇》记载，我国4000多年前已有气功，但普遍认为气功产生于春秋战国之际。由于医、儒、道、武、杂、俗等诸家的努力，春秋战国时对诸如气的形成、养气练功的方法、要领及气功的作用等等形成了一整套认识并逐渐发展成后来不同的气功流派。

孟子

◎孟子像

孟子（约前372年～前289年），名轲，战国中期邹人。曾游历过宋国、滕国、魏国、齐国各国，努力宣传“王道”和“仁政”，激烈抨击某些国君的“虐政”和“霸道”。最后，孟子退居于邹邑，专心著书授徒。

孟子主张效法先王，推行尧舜之道。他将政治体制分为“霸道”与“王道”两种，认为只有行“王道”者才能成为圣王，为天下所尊崇。孟子被后世尊称为“亚圣”。其思想、言论被其弟子、门人辑录成《孟子》，成为儒家经典，世代相传，影响深远。

◎孟庙碑刻。“孟母三迁”和“断机教子”的故事，展示了孟子成才的道路。从现存于孟庙中的这三块碑碣，可以辨认孟子勤勉学习、传播儒学的足迹。

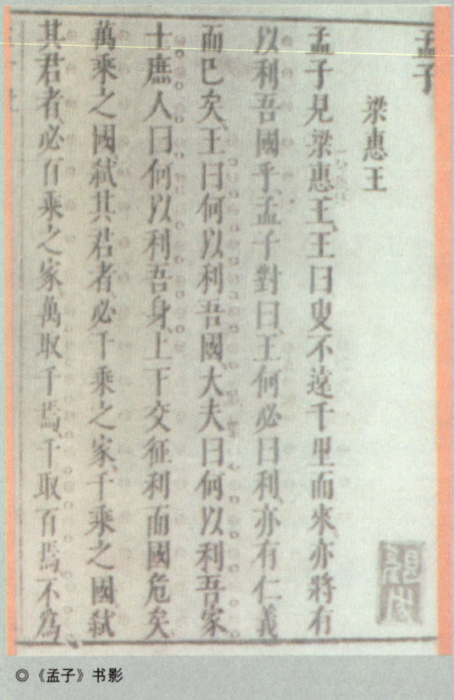

孟子

梁惠王

孟子見梁惠王王曰叟不遠千里而來亦將有
以利吾國乎孟子對曰王何必曰利亦有仁義
而已矣王曰何以利吾國大夫曰何以利吾家
士庶人曰何以利吾身上下交征利而國危矣
萬乘之國弒其君者必千乘之家千乘之國弒
其君者必百乘之家萬取千焉千取百焉不為

◎《孟子》书影

◎孟府。山东邹县的孟府，是孟子后人居住之所。元至顺二年（ 公元1331 年） 封孟子为邹国亚圣公，自此孟府也称亚圣府。

◎孟子出生地凫村

孙膑围魏救赵

孙膑是孙武后代，生于阿（在今山东阳谷东北）、鄄（在今山东鄄城北）之间，曾与庞涓一起学习兵法。庞涓当上魏王的将军，但觉得自己才能不如孙膑，害怕孙膑取而代之，便设计陷害孙膑。他召来孙膑，砍掉孙膑的膝盖骨，并在他脸上刺字。齐国使者至魏，孙膑以罪人之身与他秘密相见，对他进行游说。田忌叹服孙膑的才华，向齐威王举荐，齐威王尊之为师。

◎孙膑像。孙膑是战国时齐国著名军事家，是孙子之后中国历史上又一位战争谋略大家。

孙膑上任后，积极出谋划策，很快就为齐国夺取了“围魏救赵”之战的胜利。当时赵国为兼并土地和扩张势力，曾进攻卫国，迫使其入朝。卫国原来朝于魏，现在改朝赵，魏国当然不甘坐视，遂起兵伐赵，率宋、卫联军包围赵都邯郸。

齐威王四年（前353年），赵国向齐求救，齐国以田忌为将、孙膑为军师，率兵驰援。孙膑认为，魏国攻赵，精锐之师都在前线，内部必然空虚，如果率兵直捣大梁（今河南开封西北），迫使魏将庞涓回救本国，再于庞涓回兵必经途中选择有利地形设伏，猝然出击，便可以“一举解赵之围而收弊于魏”。田忌采纳了孙膑的计谋。其时魏将庞涓领兵八万，到达茌丘（今地不详），将围攻邯郸。田忌也带八万齐军，依孙膑之计，向南进攻处于宋卫之间的战略要地平陵（今山东邹县。一说在今河南睢县），并准备直趋大梁城郊，迫使庞涓回师自救。齐国进攻平陵的两个都大夫的军队在途中大败。孙膑派轻快战车向西直趋大梁城郊，使魏军震怒。孙膑又将自己的军队分散，给敌人以兵力单薄的感觉，诱使庞涓怒而轻敌，放弃辎重，用急行军兼程赶来。当庞涓率军到达桂陵（今河南长垣县西北）时，孙膑率兵出其不意地袭击魏军取得大胜。

此役孙膑采用避实击虚、“攻其所必救”之法，围魏救赵，大破魏军，成为中国古代战争史上的著名战例。

齐魏马陵之战

周显王二十七年（前342年），韩魏长期交战，双方均已精疲力尽。齐威王决定以田忌、田婴为将，孙膑为军师，起兵伐魏救韩。魏惠王则派太子申、庞涓为将，率领十万大军前来迎战，孙膑调虎离山，直向魏都大梁进军。

魏国主将庞涓闻讯后，立即把军队从韩国撤回，此时齐军已进入魏国国境。孙膑认为魏国军队一向强悍勇敢，轻视齐国，他建议田忌利用敌人的骄傲，采用减灶之计，诱敌上当。田忌赞同孙膑的分析，并决定采用他的策略，与魏决一死战。庞涓率军撤回魏国，并加速追赶齐军。

当追到齐军第一天扎营之地时，发现齐军营寨占地很大，从齐军做饭的炉灶数推测，齐军人数有十万左右。当追到齐军第二天扎营之地时，发现营地已缩小，炉灶也减少，推算齐军已由十万减少至五万人左右。当他追到齐军第三天扎营之地时，发现营地更加缩小，炉灶也大为减少，估计此时齐军只剩三万人左右。庞涓大为高兴，断言齐军胆小，不敢战斗，进入魏境不过三天，士兵就已减少一半以上。于是他舍弃一部分军队，亲自率领精锐之师加紧追击。

魏军日夜兼程，一直追到马陵（今山东范县西北）。此地两旁地势险要，中间道路狭窄。孙膑在此早已设伏。庞涓率军进入马陵道时，正值傍晚时分，他隐隐约约看见路旁大树之下有一木牌，便命士兵点燃火把，只见木牌上面写着：“庞涓死于此树之下。”他大惊，至此才知中了孙膑计，连忙率军撤退。但埋伏在两旁的齐军已万箭齐发，魏军猝不及防，人慌马乱，被齐军击溃。庞涓见寡不敌众，败局已定，拔剑自刎。齐军乘胜追击，将魏军彻底歼灭，并俘虏魏太子申，魏军遭遇前所未有的惨败。

马陵之战是中国军事史上著名战役之一，是《孙膑兵法》中的代表作。

文化小辞典

《孙膑兵法》

战国中期孙膑及其弟子们写下一部中国古代著名的兵书，即《孙膑兵法》，古称《齐孙子》。

该书继承并发展了《孙子兵法》等书的军事思想，总结了战国中期及其以前的战争经验，在战争观、军队建设和作战指导上都提出了许多有价值的观点和原则。

在七国纷争的战国时代，战争必不可少且对一个国家的盛衰起着重大影响。孙膑认为“战胜而强立，故天下服矣”，否则就会“削地而危社稷”。这种思想是符合当时争雄的客观实际的。

在军队建设上，此书提出首要的问题是“富国”，一个国家只有富裕充足了，“强兵”也就有了可靠的基础与保障。关于强兵，它重视训练、法制和将帅条件。提出“兵之胜在于篡（选）卒，其勇在于制”，即士兵要严格挑选，严格训练，有良好的组织编制，做到赏罚严明，令行禁止。将帅不但要具备德、信、忠、敬等品质，更应善于用兵之道，即“破强敌，取猛将”。在作战指导上，强调要“知道（取胜之道）”，认为“安万乘国，广万乘王，全万乘之民命者，唯知道”。

《孙膑兵法》一书将孙武的“知道”加以发展，视其为战争的客观规律。所谓“知道”，具体地说就是“上知天之道，下知地之理，内得其民之心，外知敌之情，阵则知八阵之经”。强调创造有利的作战态势，即所谓的“孙膑贵势”（《吕氏春秋·不二》）。孙膑发展了孙武“我专而敌分”的理论，提出了以寡胜众、以弱胜强的战法。这在齐魏马陵之战中和历史上有名的“围魏救赵”中得到了充分体现。他还主张“必攻不守”的战略，不以防御为主，重视攻取城邑和阵法的运用。《孙膑兵法》早有著录，《汉书·艺文志》载：“《齐孙子》八十九篇，图四卷。”其后失传，不过在《史记》、《通典》等古籍中仍然保存了少量佚文。

1972年4月，山东临沂银雀山汉墓出土了一批孙膑论兵的竹简，经整理、注释，编纂为《孙膑兵法》，共364简，11000余字，分上下两编，各15篇。这些出土的竹简为了解《孙膑兵法》原稿提供了珍贵材料。

赵国修筑长城

赵肃侯是一位热心于营造的国君，他在位的中期即修建寿陵。前333年，赵军围攻魏的黄（今河南内黄西北邑），不克，遂在今漳水、滏水（今滏阳河）之间修筑长城。

据推测，赵肃侯可能是利用漳水、滏水的堤防连接扩建而修筑长城的。从当时列国形势来看，赵国的这条长城大体上是从今河北武安西南起，东南行，沿着漳水到今磁县西南，再折而走向东北，沿着漳水到达今肥乡以南的地区。这条长城称为赵国的南长城。

此后，在赵武灵王时期，为了防备东胡、匈奴、林胡、楼烦等的侵扰，赵国还修筑有北长城。这些长城的修筑对于赵国的巩固产生了积极作用，并成为后来北方长城的主干。

◎赵国长城遗迹

小辞典 人物

庄子

庄子（约前369年～前286年），名周，宋国蒙（今河南商丘东北）人，战国时期著名哲学家，道家思想主要代表人物，与老子并称“老庄”。

庄子一生清贫，曾当过管理漆园的小吏，楚威王闻知庄子很有才能，便以厚金聘他为相，但庄子鄙夷权贵，崇尚自由，予以拒绝，选择归隐，终生不仕。

庄子学识渊博，思维敏捷，想象丰富。对现实人生，庄子采取“顺生乐死、乐天安命”的态度。他追随老子的思想并把老子哲学实现在自己的生命历程中，追求绝对的精神自由，向往达到“与道合一”的境界。为此他摒弃任何外在的束缚，从内心寻找人生的最大乐趣。所以庄子的一生虽然贫苦，但充满了生存的智慧和诙谐活泼的意趣。

庄子所撰《庄子》一书，构成道家的重要理论，也成为道教的主要经典。既是先秦时期最著名的哲学著作，也是一部优秀的文学作品，更是一部美学作品，对中国哲学、美学、文学和中国文化均产生了深远的影响。庄子的哲学思想在魏晋南北朝时期的玄学和般若学思潮中成为“三玄”之一。

◎庄子像

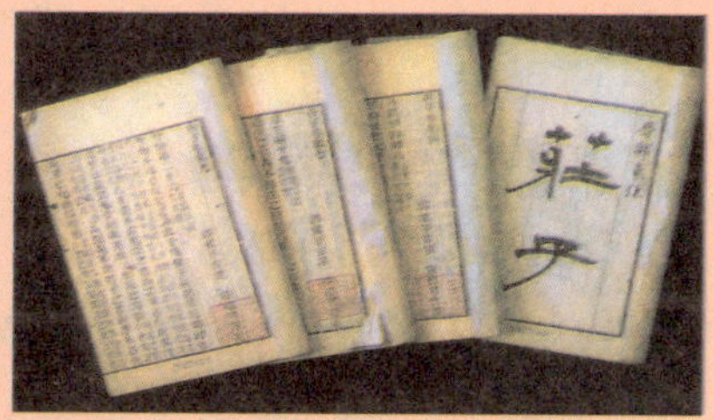

◎《庄子》书影

◎老庄像。春秋、战国时期“诸子百家”中的道家，以老子和庄子为代表，合称“老庄”。清任熊绘的老庄像，表现的就是“庄生游逍遥，老子守元默”的情形。

张仪相秦·施展连横策略

张仪，魏国人。初事鬼谷先生，学习纵横之术。后游说于各诸侯国之间。入秦之后，秦惠文王擢用张仪为相。

周显王四十一年（前328年），张仪开始推行“连横”策略。张仪采取联合韩、魏的“连横”策略，迫使韩、魏两国太子入秦朝见。秦派公子桑率军攻取魏蒲阳（今山西隰县），然后，张仪又请求秦惠文王将蒲阳交还魏国，还使公太繇为“质子”到魏国。采取这些拉拢手段之后，张仪亲赴魏国，去劝说魏惠王认清利弊，不可对秦无礼，示意魏惠王献上郡之地作为回报。

秦惠文王又派人去楚国劝说楚怀王与秦国联合，迫使魏国献上郡给秦，如此，既可有德于秦，又可削弱敌国魏的力量。楚怀王听从秦使者的说辞，宣扬已与秦联合，魏国闻讯十分惊恐。魏终于把上郡15县，包括少梁等地一起献给秦国，并与秦修好言和。秦把少梁更名为夏阳。一年后，秦将以前所攻取的焦（今河南三门峡西）和曲沃（今河南三门峡西南）两地归还魏国。

张仪的“连横”策略大获成功，在他的主持下，秦对韩、魏采取又拉又打的策略，迫使这些国家就范，力图事奉秦国以求相安无事。张仪还曾率军向东侵伐，使秦完全占有了河西、上郡等地，并在河东占有土地，掌握了黄河，使秦国声威大振。

◎战国攫蛇雄鹰。雄姿英勇，威震恶蛇，象征楚王争霸的气概。

文化小辞典

“五德终始说”

邹衍，战国阴阳家，号“谈天衍”。因有感于治国者日益荒淫奢侈，不能以德治国，乃深观阴阳消息而作《终始》、《大圣》等篇，提出了“大九州说”和“五德终始说”。

邹衍试图将宇宙各部分连贯为一个整体，并给予总的说明。他认为：中国是“赤县神州”，内有九州；像“赤县神州”这样的州，共有九个。中国是大九州中的一州，而这样的大九州共有九个，中国不过是全世界的八十分之一，这就是“大九州说”。它按照先验推理的方法由小及大、由近及远、由已知推及未知、由有限推及无限。因为其中含有很多幻想的成分，所以它是一种神秘主义。

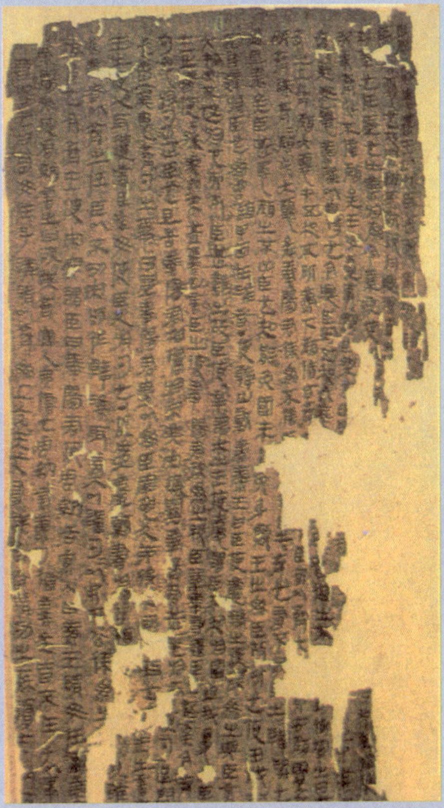

◎西汉帛书《战国纵横家书》（残页）

邹衍在总结早期阴阳学说的基础上，提出了“五行生胜”的观点。他认为：水生火、火生土、土生金、金生水、水生木是“五行相生”的转化形式，反过来又存在着水胜火、火胜金、金胜木、木胜土、土胜水的“五行相胜”的对立关系。这种五行相生、相胜的特点，决定着自然界的变化，也决定着人类社会的更替。他认为虞、夏、殷、周的历史是一个胜负转化的发展过程，它按照土、木、金、火、水依次相胜而具有阶段性。他预见以后的发展是“代火者必将水”。

“五德终始说”对后世产生了深远的影响。秦统一后，推五德之运，以为秦代周为水德，于是以十月为岁首。重刑法，刻薄寡恩，以合于水德之数。“五德终始说”为中国古代的“正闰”思想奠定了基础。汉以后历代王朝都自称“奉天承运”，以“五德终始说”作为改朝换代的依据。

儒法之争

春秋以来，奴隶主贵族维护其统治的周礼逐渐失去了原有的威力，旧有的典章制度随之而衰落，因而出现了一批改革家如管仲、子产等，他们颁布法令与刑书，改革田赋制度，成为战国时期法家思想的先驱。

法家的创始人李悝任魏相时，废除了官爵世袭制，按照“食有劳而禄有功”的原则选拔官吏，与儒家的“贤其贤而亲其亲”的重德观有了差异。他还收集诸国法律，完成《法经》六篇。

与李悝同时的吴起在楚国进行政治改革，破除世卿世禄制，强迫旧贵族去边疆垦荒。虽然使楚国强大起来，却为贵族所不容。商鞅在秦国实行两次变法，其主要内容是开阡陌封疆，废除井田制，承认土地私有，奖励农战，有军功可授爵位；实行郡县制，主张严刑重罚以杜绝犯罪。但他排斥道德教化，轻视儒家的礼乐，反对效法古代的治世之道。而申不害、慎到分别强调重“术”和“势”，反对因循守旧。

◎战国雷纹鼓。乐器。鼓身明显分为三段，胴部突出且大于鼓面，束腰，外侈足，腰部有四耳。属于云南石寨山铜鼓的早期形式。

到战国末期，韩非集法家思想之大成，将“法”、“术”、“势”三者糅合为一，主张“以法为教”，厉行赏罚，奖励耕战。在理论上直接批判儒学的治国方法。韩非继承了荀子“人性恶”的思想，认为要治理好国家，必须依靠严刑峻法，而不能凭借仁义道德之教，认为“威势可以定暴”，“德厚却不能定乱”。儒家不顾社会的具体情况，言必道尧舜，韩非认为这“非愚即诬”。在他看来，治国之道随着时代不同、情况不同应有所变革。在“争于气力”的时代，只有实施法制，统一于法才能制服民心，稳定社会，强国富民。韩非甚至将儒家称为“五蠹”之一，认为他们“以文乱法”，罪当禁绝。韩非把“法治”与儒家的“德治”对立起来，主张“不贵义而贵法”，“不务德而务法”。

法家对儒家在理论上和实践上的批判，顺应了当时由奴隶制社会向封建社会过渡的大势，对社会的发展起了积极的推动作用。但是法家“刻薄寡恩”，过分压制的政策，显示出其残暴、酷苛、不合人情，也因此决定它不能一直居于显学地位。

秦亡后，其法治思想被汉儒吸收到儒学体系中，主张德刑并用，成为地主阶级维护统治的有力工具。

逸闻趣事

孟尝君好客·鸡鸣狗盗出关

齐国孟尝君好养门客，在战国养士风气中尤为突出，并以成为其统治资本。在薛（在今山西滕县南）时，他经常设宴招待来往宾客和一些逃亡者。对这些宾客，孟尝君都用厚礼厚待，食客数千人，一律不分贵贱，平等对待。

◎秦岭褒斜栈道示意图

周赧王十四年（前301年），秦以泾阳君公子市为人质，求孟尝君入秦。

周赧王十六年（前299年），孟尝君入秦，秦昭王以孟尝君为相。有人对秦昭王进谗言，认为孟尝君是齐国王族，必会先齐后秦，对秦国不利。此时，赵国也派楼缓到秦国活动，建议秦王免去孟尝君的相位。秦昭王听后深以为然，罢免了孟尝君，并将其拘禁准备处死。孟尝君知情况危急，便派人见秦昭王宠幸的爱妾，请求予以解救。

秦昭王的爱妾提出要孟尝君那件价值千金、天下无双的白狐皮袍。但此物他已送给秦昭王。孟尝君询问门客，寻求变通之法。一位善于偷盗的门客表示，可以将白狐皮袍偷出。于是半夜扮狗，偷回了那件白狐皮袍。秦昭王爱妾见物大喜，便向秦昭王求情。秦昭王下令释放孟尝君。孟尝君一脱身，立即驾着车飞速离去，半夜时赶到函谷关。根据规定，关防之门要到鸡鸣时才能打开，孟尝君一行无法出关。危急时分，门客中一人便模仿鸡叫，引起众鸡皆鸣，于是得以出关。

周赧王十七年（前298年），孟尝君从秦国逃回齐国。孟尝君当初去秦国，是齐湣王之意，此举险些使他丧身。齐湣王对此深感内疚，故再次任用孟尝君为相，主断政事。孟尝君从此专权齐国。

苏秦合纵五国攻秦

周赧王二十七年（前288年），秦齐再次联合。十月，秦昭王自称西帝，尊齐湣王为东帝。

不久，苏秦向齐湣王陈述称帝号的利弊，认为齐、秦虽共同称帝，但天下人却只尊秦而轻齐，齐国如果取消帝号，天下人则会爱齐而恨秦。再者，与秦国攻打赵国，远不如攻打宋国有利。他劝说齐王放弃帝号，以收揽天下人心，然后抓住宋国内乱之机发动进攻，并顺势向其他国家扩张领土，如此，则不仅可以提高齐国地位，扩大名声，而且燕楚也会被迫服从，天下诸侯都不敢违抗齐国号令。齐湣王采纳了苏秦的意见，出兵攻打宋国，大胜。

次年（前287年）十二月初，齐取消帝号，恢复王号。而秦仍使用帝号，自居于天下诸侯之上，激起各国不满。苏秦劝说齐湣王联合各国攻秦。经过游说，刚被秦掠走一座城邑的赵国同意伐秦。赵相李兑又出面约赵、齐、燕、韩、魏五国合纵攻秦。五国出兵各有打算，因而貌合神离。军队行至荥阳、成皋便不再前进。为了破坏五国合纵，秦设法离间笼络合纵各国，赵、韩、魏都有所动摇。

齐遂派苏秦去游说，五国终于合纵攻秦，迫使秦国废除帝号，并将以前所攻占的温、轵、高平归还魏国，将五公、符逾归还赵国，与五国媾和。秦国再次遭受重大挫折。

此后十五年，秦兵不敢越函谷关外半步。

◎战国阏与戈。阑有四穿，内有一穿。内上有篆书铭文“阏与”两字。“阏与”，为地名，战国韩邑。

逸闻趣事

蔺相如完璧归赵

◎东汉画像砖完璧归赵拓片

楚国有一件叫做和氏璧的宝玉，为赵惠文王所得，秦昭王听说后，表示愿意用十五城换取和氏璧。赵国君臣商议此事，担心将宝玉给秦国后，却得不到秦国的城邑；若不给，又怕秦军攻打，因而想派人到秦国去妥善办理此事。宦者令缪贤推荐蔺相如。

赵惠文王召见蔺相如，蔺相如表示愿带和氏璧去秦国，如果赵国得到秦国的城邑，就将和氏璧奉送给秦国，反之，一定完璧归赵。赵王表示同意，命其出访秦国。

蔺相如到秦国后，秦昭王在章台召见他，蔺相如将和氏璧献上，秦昭王大喜，与妃嫔及近臣传看，却全无将城邑给赵之意。蔺相如撒谎说玉上有一小疵点，要指给秦昭王看，于是拿回了宝玉。他在柱旁站定，义正辞严道：赵惠文王担心秦国自恃强大，得和氏璧而不给城邑，经过我劝说方才答应。赵王斋戒五天，然后才让我捧璧前来，以示对秦国威严的尊重和敬意。不料大王礼仪简慢，毫无交割城邑的诚意，现在若大王一定要抢走宝玉，我宁可将脑袋与宝玉一起在柱子上撞碎。

◎东汉蔺相如故事画像砖

秦昭王无奈，只得划出十五个城邑给赵。蔺相如估计秦昭王不过是假意应付，便提出要秦昭王也应斋戒五日，再郑重其事地交换宝玉。秦昭王只好应允。蔺相如知秦昭王毫无诚意，便派随从怀藏宝玉，从小道返回赵国。

秦昭王斋戒完毕，举行交换仪式时，蔺相如才把送宝玉回赵之事告诉秦昭王，声明如果秦国真想要和氏璧，可以先割让十五城与赵，赵国绝不敢负约。他坦承犯了欺君之罪，表示愿受刑伏诛。

秦国君臣俱怒，欲处死蔺相如。秦昭王稳定情绪后，认为杀了他也得不到宝玉，反使秦、赵两国结下仇怨，于是仍按礼节召见，然后让他回国。结果秦国未将城邑给赵，赵国也未将和氏璧交给秦。事后，蔺相如被赵惠文王任命为上大夫。

乐毅率五国军队伐齐

燕昭王即位后，为报齐破国之仇，奋发图强，广招贤良，优礼相待，慰问、抚恤死难者亲属，与百姓同甘共苦。燕国由此罗致了一批智能之士，包括熟悉齐国险阻要塞及其君臣关系的谋士和善于用兵的军事人才，其中尤以乐毅最为知名。他主张应依据人的功劳大小、能力高低任以相应官职。乐毅帮助燕昭王进行政治改革，使燕国国力进一步增强。

燕昭王二十八年（前284年），国家殷实富足，士卒奋勇作战，争相为国献身疆场。燕昭王与乐毅商量伐齐复仇之事，乐毅建议燕昭王与赵、楚、魏等国联合伐齐。燕昭王便派使者出使魏、楚，派乐毅出使赵，并亲自到赵国与赵惠文王相会。赵惠文王将相国之印授予乐毅。燕昭王遂任命乐毅为上将军，征发全国军队，与赵、秦、魏、韩等国联合向齐国展开进攻。

◎战国鹰形冠饰

◎战国金冠带

其时，齐湣王征调全国军队，由向子率领，在济水以西与五国联军交战。由于齐湣王晚年暴虐无道，杀死几位敢于直言进谏的大臣，致使臣民离心，毫无斗志。双方一交战，向子就下令退兵，自己一人率先乘车逃脱，齐军大败。齐将达子召集逃亡的齐军士兵，整顿后继续作战，企图挽回败局，但齐湣王不予援助。达子率军在秦周（今山东临淄西北）与五国联军交锋时又被打败，达子战死。

两次战役使齐国主力遭受重创，从此再不敢与五国联军交战，只能退守各地城池。乐毅遂遣还秦、韩之军，让魏国进攻原宋国地区，赵国攻取河间，自己则率领燕军长驱进击，攻打齐都临淄，齐湣王逃到卫国，后又逃回莒（今山东莒县）。

乐毅攻入临淄后，搜取齐国宝器，全部运回燕国。燕昭王亲自到济水慰劳将士，并将昌国（今山东淄博东南）之地封给乐毅，号昌国君。

五国联合伐齐，秦国攻取原被齐国所占的宋国大邑定陶（今山东定陶西），魏国攻取大部分原属宋国的领土，赵国攻取济水以西的大片土地，连鲁国也乘机攻占齐国的徐州（即薛，今山东滕县东南），齐国遭受沉重打击。同时，楚国担心五国攻破齐后再图谋楚国，遂派淖齿率兵援救齐国。齐国已被五国联军打败，燕军攻入国都临淄（今属山东），楚国大将淖齿想与燕瓜分齐国，将齐湣王杀死，乘机收复了以前被宋国夺取的淮河以北地区。

五国联合伐齐，是战国时的一场大战。此后，六国之间的自相残杀愈演愈烈。

小文化辞典

中国最早的教育专著——《学记》

《学记》为《礼记》中的一篇，是中国教育史上最早的教育专著。约成文于前4至前3世纪，是战国末期思孟学派的作品。

《学记》全文1229字，言简意赅，内容丰富。系统而精辟地阐述了教育的目的、作用和任务，教育与教学原则和方法，教育制度及教师的地位和作用等。《学记》开宗明义强调教育对于人生的价值："玉不琢，不成器；人不学，不知道。"并引申出"化民成俗，其必由学"和"建国君民，教学为先"的结论，肯定了立身、立国必以教育为本的观念。《学记》设计了一套从地方到中央的学校教育系统：每25家设立一个家塾，每500家组成的行政区域——"党"设庠；每2500家组成的行政区域——"术"设序；在国都设有大学。以培养各级各类人才为国所用。这个广泛的学校系统的构思，说明2000多年前中国古代哲人就已经开始有追求教育普及的理想。《学记》有以下四个鲜明特色：

一、提出了学校的考核制度。大学全程九年中，每隔一年对学生进行一次考核，体现了学校教育已在客观上产生了要求教学正规化和人才规格标准化的需要。二、阐述了"教学相长"的命题。明确指出了教与学的相互依存、相互渗透、相互促进、相辅相成的关系，并推论出：教因学而得益，学因教而日进，教促进了学，学又助长了教的这一教学的客观规律。三、总结了教学上成功与失败的经验教训，提出了"长善而救其失"的方法。四、反对老师照本宣科、教学生死读硬背的做法，强调"能博喻，然后能为师"，把能多方启发诱导学生，看作是当老师的重要条件。

此外，《学记》还大力倡导"尊师重道"的风尚，使"尊师重道"的思想成为中国传统文化的重要支点。

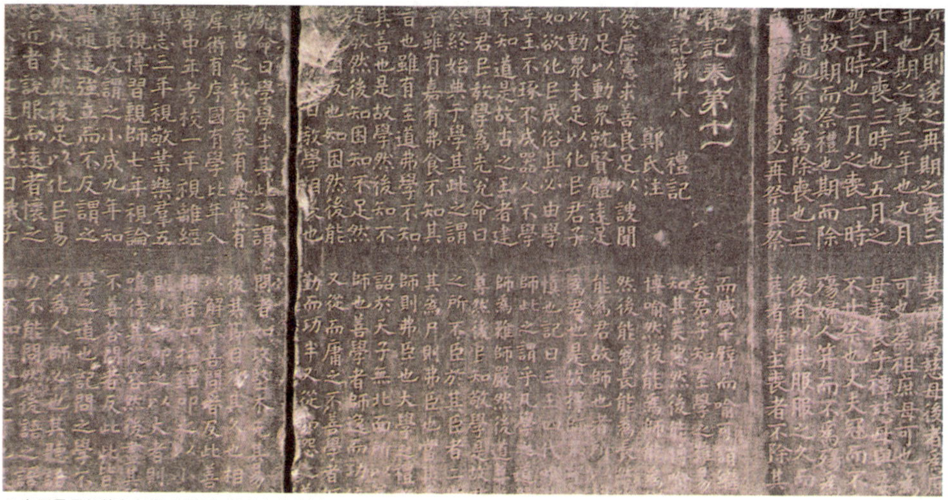

◎中国最早的教育专著《学记》部分内容碑刻

范雎入秦用于秦昭王

范雎，或作范且，字叔，曾改名张禄，魏国人。初因家境贫寒，为魏中大夫须贾家臣。魏昭王时，须贾出使齐国，范雎随行，在齐滞留数月。齐襄王听说范雎贤能有辩才，派人私赐金和牛酒。须贾闻知，怀疑范雎将魏国隐私告诉齐国，归国后禀告魏相魏齐。魏齐大怒，命舍人拷打范雎，以至击断肋骨，拉折其齿。范雎佯装死亡，魏齐令人用竹席裹卷，丢置厕中，让宾客饮酒醉者溺尿其上，以此惩戒他人不得妄言国事。范雎恳求守厕者相救，并许诺重谢。守厕者便乘魏齐酒醉，请求搬走厕中“死人”，范雎因此得以逃脱。不久魏齐察觉，下令追索。魏人郑安平为范雎改名张禄，携带逃亡。

周赧王四十四年、魏安釐王六年、秦昭王三十六年（前271年），秦国谒者王稽出使魏国，郑安平乔扮卫卒，向王稽推荐范雎。范雎夜见王稽，深获赏识。王稽便将范雎藏匿车中带回秦国，进荐给秦昭王。

起初昭王不知其贤，让他“待命岁余”。周赧王四十五年、秦昭王三十七年（前270年），秦相魏冉越

◎战国镶嵌兽首形饰件。钟架梁端饰件。一端作兽首状，兽瞪目张口，龇牙；另一端为长方形銎。通体错金蟠虺纹。

过韩、魏攻齐国刚（今山东宁阳东北）、寿（今山东东平西南）二邑，以扩展自己的封邑。范雎上书昭王，陈述自己的看法，昭王大为赏识，召见于离宫，以国事求教。

范雎认为，秦国地势险固，攻守均利，人民勇而守法，军力强盛，本可轻易称霸天下，如今反倒闭关不敢东向，主要因为相国魏冉谋事不忠，而昭王计虑也有所失。范雎以为昭王的失策在于越过韩、魏而攻强齐，舍近求远，少出师则不足以伤齐，多出兵则国内空虚；而且即便战胜，因为远离本国，也不可能长期据有，得不到实惠。

因此，范雎向昭王献策说，不如远交而近攻，得寸土则王之寸土，得尺土亦王之尺土。具体措施是：先使韩、魏两国亲附，掌握天下中枢，以此威慑楚、赵，楚、赵恐惧，将附秦；而齐国惧怕孤立，也会与秦修好，这样，韩、魏两国就能为秦所谋取。此后秦国诸王都采用“远交近攻”的策略，逐步蚕食各国。

小文化辞典

世界第一部音乐理论著作——《乐记》

◎战国虎钮于。乐器。椭圆筒形体。器顶为折沿平盘，肩部鼓出，腹内收，中空，平底。顶正中立一虎形钮，虎钮背及后股已残缺。虎钮四周镌刻有人、鱼、船、四蒂、兽等图像，常见于巴蜀兵器。

《乐记》是中国古代儒家音乐理论的重要经典，是荀子学派的著作。《乐记》主要论述了音乐的产生和形成过程。它指出音乐产生于人的思想感情，受到外界事物的影响而感情激动起来，就表现为“声”（包括乐音和噪音），这种声互相应和，其变化有一定规律的成为“音”（乐音）。将音按照一定组织奏作起来，再加上舞蹈，就成为“乐”（音乐歌舞）。

◎战国时期楚国虎座鸟架悬鼓。下部两虎相背伏卧，大小动态相同，其上两鸟翘首张喙，分立于虎背之上。鸟尾以榫卯相连，鼓框上有三个铜环缚丝带，并分别系于两鸟的冠、尾连结处，使鼓悬挂于两鸟之间。虎座大而平，鸟架置于虎座之上，给人以平稳之感。

《乐记》强调音乐的社会教育作用，主张音乐应成为社会教育的工具，用礼、刑、政一起，在不同的方面发挥作用，以安定社会，使国家大治。这一方面的论述，贯穿《乐记》全文，是儒家音乐思想的核心，被后世称为“乐教”。在音乐美学方面，它要求以善为准则，提倡“德音”、“和乐”，反对“溺音”、“淫乐”。艺术美的最高境界在于个体与社会、人与自然的和谐统一。

《乐记》鲜明地体现了儒家美学的理性精神和特征，具有重要的理论意义，并产生了深远的影响。在两千余年的封建社会中，它所表达的音乐思想被视为正统，极大地促进了音乐文化的发展。

司南开始使用

《管子·地数》篇说："上面有磁石的地方，地下有铜金矿藏。"这是世界上关于磁石的最早记录之一。到战国末年，人们已知磁铁吸铁的磁性作用，并利用其指极性，发明了确定方位和南北的仪器——司南。

司南形如汤匙，用磁石做成，底圆而滑，置于刻有方位之铜盘上。使用时，转动勺把，待其静止时，勺把指向南方。司南是世界上最早的指南仪器，后来逐渐发展成为指南针。

◎汉司南。司南是世界上最早的磁性指南工具，战国时期就已经应用。将天然磁体打磨成勺形，放在一个光滑的青铜方形盘上，微微转动勺把，待静止时，勺把指向南方。司南为我国后来发明指南针奠定了基础。

秦赵长平之战

周赧王五十三年（前262年），秦军完成了对韩上党（今山西沁河以东地区）的包围，上党郡守冯亭为借赵军抗秦，承献上党于赵，激起秦赵长平（今山西高平西北）大战。起初，赵王命廉颇为将，廉颇依凭险要地势坚壁增垒，采取固壁不战的策略，坚守长平三年，秦军久攻不下。

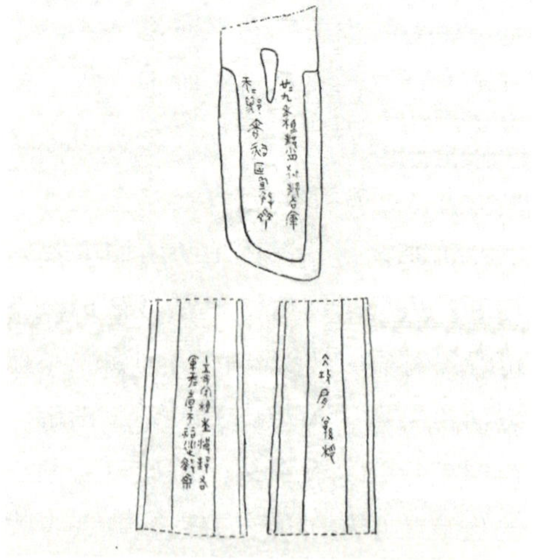

◎赵国兵器刻辞

周赧王五十五年（前260年），赵王中秦反间计，改任赵括为将代替廉颇。赵括是赵国名将马服君赵奢之子，史书或称"马服子"。自幼便学兵法，论起兵事头头是道，自认天下无敌。赵括曾与其父论兵，赵奢虽不能诘难，但不以为然。赵括母询问原因，赵奢说："兵事危险而又千变万化，赵括却视为易事，如果将来为赵将，必遭败绩。"

赵括代替廉颇指挥赵军后，秦国也派名将白起代替王龁担任主将。白起利用赵括只会纸上谈兵而且骄傲轻敌的弱点，交战时佯败后退。赵括以为秦军已败，率领赵军开垒出击，长驱直入攻击秦军营垒。秦军早有防备，赵军久攻不下。此时，白起派出两支奇兵，由左右两翼迂回，切断赵军退路。赵军被围困，只得筑垒坚守待援。

秦王闻知，亲往河内（今河南黄河以北地区）征发年满十五岁以上的男丁参加长平之战，堵截赵国援军，断绝粮道。九月，赵括将赵军分为四队，轮番冲击，终未能突围。赵括被乱箭射死，四十余万士卒被迫降秦。白起担心赵军日后反叛，只让年少体弱的二百四十人归赵，其余全部坑杀于长平。

秦赵长平之战，最终以赵国的惨败而告结束，赵军死亡人数达四十五万。赵国实力由此大为削弱。

◎战国郑令铍。兵器。铍身呈六角形。

小人物辞典

白起

◎战国虎符。调兵凭证。

白起，一称公孙起，郿人，秦国名将。秦昭王时由左庶长（秦爵十级）官至大良造（秦爵十六级之一），南征东伐，攻夺韩、赵、魏、楚等国许多土地，屡建奇功。周赧王三十七年（前278年），攻克楚国都城郢，封武安君。周赧王五十五年（前260年），长平一役大败赵括，坑杀赵国降卒四十余万人。

邯郸之战爆发，白起认为赵国对内息民厉兵，对外交结诸侯，时机不成熟，伐赵必败。秦昭王、范雎多次请他出任秦帅，白起均托病固辞。昭王先后派王陵、王龁等为将攻赵，死伤无数，大败而归。白起说：“不听臣计，今果何如？”秦昭王惭怒，免白起不为己用，乃夺其官爵，免为士伍，令迁之阴密。白起因病未行。

周赧王五十八年（前257年）十一月，昭王令白起启程，行至杜邮，秦王与范雎等谋议，以为白起之迁，其意怏怏不服，心怀怨诽，令使者赐剑，白起自杀。

白起之死，标志着战国旧式英雄人物的终结。

◎秦虎符

逸闻趣事

赵括纸上谈兵

前262年，秦昭襄王派大将白起进攻韩国，占领了野王（今河南沁阳），截断了上党郡（治所在今山西长治）和韩都的联系，上党形势危急。上党的韩军将领不愿投降秦国，打发使者带着地图把上党献给赵国。

赵孝成王（赵惠文王的儿子）派军队接收了上党。过了两年，秦国又派王龁围困上党。

赵孝成王听到消息，连忙派廉颇率领二十多万大军去救上党。他们才到长平（今山西高平县西北），上党已被秦军攻占。

王龁想进攻长平而不得。廉颇下令坚守阵地，修筑堡垒，深挖壕沟，与秦军对峙了四个多月，秦军未能攻下长平。

于是，秦王采用宰相范雎的离间计，派人到赵国四处散布谣言："秦兵所惧怕者，只赵括一人。廉颇是个无能之辈，再过些日子，他就要投降了。"

赵括是赵国大将赵奢之子，从小熟读兵书，只要一谈到怎样用兵，他便引经据典，侃侃而谈，头头是道。因此，不少人都觉得他是个大将之才。但知子莫若父，他的父亲却始终不承认儿子精通兵法，善于用兵。他甚至断言道："我的儿子将来要是不做赵国的将军，那倒是赵国的福气，万一不幸让他当上赵国的将军，那他一定是个败军之将。因为他从没上过战场，只会纸上谈兵，一旦真的领兵打仗，绝对会出问题！"

赵王未能识破秦国的诡计，听信谣言决定派赵括去代替廉颇领兵，于是召来赵括，问他道："你能击败秦军，为国争光吗？"

赵括大言不惭道："要是与秦国名将白起对阵，那我还得考虑一下应对之策，现在是王龁领兵，打败他易如反掌。"

于是，赵括在接掌廉颇兵权以后，立即改变固守的策略，不久就被秦兵围困。

此时，秦王悄悄改派白起为主将，以王龁为副将。结果，白起大败赵括，赵军四十万人马被俘后全部活埋，赵括本人也在突围时中箭身亡。

成语"纸上谈兵"即来源于此，意为只会空谈，不切实际。

◎战国铜武士俑。整个造型比例适度，发达的胸肌、鼓凸的肌腱，显示了强健的体型。

◎战国镶嵌鸟纹双翼兽。此兽应为史书记载的龙雀，造型矫健有力。

秦国邯郸

周赧王五十七年（前258年），秦昭王因赵违约未割六城，不听白起劝谏，派五大夫王陵进攻赵都邯郸，秦赵邯郸之战爆发。赵国上下同仇敌忾，共赴国难，坚守城池。国相平原君以国忧为先，身先士卒，听从李谈的劝告，裁减府邸人员和开支，组织敢死队三千人与秦军殊死决战，秦军为之退却三十里，大大鼓舞了士气。

秦军久攻不下，几易其帅；邯郸久陷重围，易子而食。战事日紧，赵王遂遣平原君求救于楚、魏。赴楚前，平原君准备从门下食客中挑选二十位文武兼备者随行，但只挑中了十九人，其余无可取。毛遂自荐愿同行。至楚之后，平原君与楚王商议合纵之事，分析利害关系，“日出而言之”，楚王至“日中不决”。毛遂按剑冲破护卫的防线，上前质问楚王，楚王怒斥他。毛遂对其威势毫不畏惧，先说在十步之内，楚王的命就掌握在自己手中，接着以秦军如果进攻楚国，一战而夺取鄢郢，再战而烧夷陵，二战就使楚王的先人遭受污辱的惨痛史实警醒楚王，指出合纵是为了楚国而不是为了赵国。楚王应从，派春申君率军救赵。

求得楚国帮助，平原君再求魏援助。魏王派将军晋鄙率十万大军救赵。秦得知，遣使威胁魏，魏军遂屯于邺下不敢出。屯军期间，魏王曾遣

◎战国秦汉时期沙河古桥。咸阳市渭城区钓台乡资村西1000米处，村民取沙挖掘出一座大型古代桥梁遗址。经碳十四测定，1号桥距今为2120±80年；2号桥距今为1900±80年。结合遗址附近出土的各种遗物分析，古代沙河上这两座大型桥梁至迟应在战国秦汉时期已经建成使用。

将军辛垣衍潜入邯郸，通过平原君劝说赵王发使尊秦昭王为帝，以换取秦国的退兵。齐国人鲁仲连当时正在邯郸，听说此事后去见辛垣衍，与他辩论尊秦为帝的种种危害，断然表示，倘若秦王为帝，自己宁愿赴东海而死不忍为秦国臣民。辛垣衍油然起敬，自愿离赵，不敢再说称秦王为帝的事。不久，信陵君通过魏王爱妾窃得魏王虎符，赶赴邺地，击杀晋鄙，率军援救。

前257年，楚、魏援军至邯郸与赵军内外夹击，秦军大败，退回河西。赵魏两国夺回部分失地。

逸闻趣事

毛遂自荐

◎战国箭镞

战国时，秦赵长平大战，赵军大败。秦将白起领兵乘胜追击，包围了赵国都城邯郸。

秦军兵临城下，赵国危在旦夕。平原君赵胜奉赵王之命，亲自去楚国求兵解围。平原君将门客召集起来，想挑选20个文武全才一起去，但挑了又挑，只选中了19人，最后还缺一人。此时，门客毛遂对平原君说道："算我一个吧！"

平原君因门客太多，还是初次见到他，问清楚其姓名后，见他再三要求，被其诚意所打动，才勉强同意。

到了楚国，楚王只接见平原君一个人。两人坐于殿上，从早谈到午时仍无结果。毛遂大步跨上台阶，远远地高声喊道："出兵的事，非利即害，非害即利，简单而又明白，为何议而不决？"

楚王火冒三丈，问平原君："此人是谁？"

平原君答道："此人名叫毛遂，乃是我的门客！"

楚王喝道："赶快退下！我和你主人说话，你来干吗？"

毛遂见楚王发怒，不但不退下，反而又走上几个台阶。他手按宝剑，大义凛然道："如今十步之内，大王性命已在我手中！"

楚王见毛遂如此勇敢，钦佩其胆识过人，便没有再呵斥他，就听毛遂讲话。毛遂就对出兵援赵有利楚国作了非常精辟的分析。毛遂一番话说得楚王心悦诚服，答应马上出兵。

不几日，楚、魏等国联合出兵援赵。秦军终于撤退。

平原君回赵后，对毛遂大为赞赏道："毛先生一至楚，楚王就不敢小看我赵国。"从此待毛遂为上宾。

成语"毛遂自荐"即来源于此，比喻自我推荐担任某一项工作或职务。

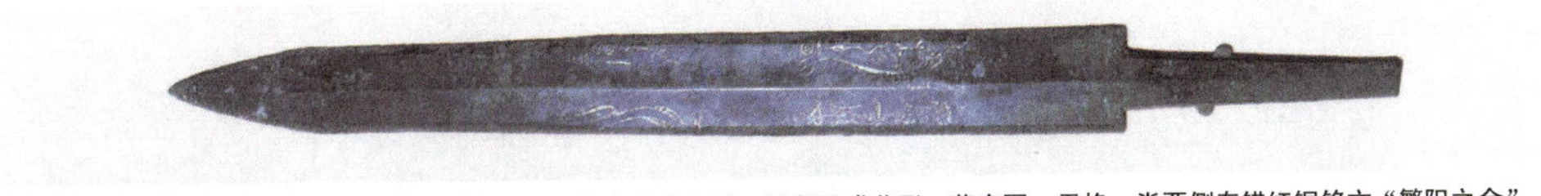

◎楚国繁阳之金剑。兵器。外有象牙制成的剑鞘。剑身中线起脊，横断面成菱形，茎扁圆，无格。脊两侧有错红铜铭文“繁阳之金”四字。“繁阳”为战国时楚地，在今河南新蔡汝河北岸。

信陵君窃符救赵

魏公子无忌为魏昭王幼子、魏安釐王异母弟，安釐王即位后被封为信陵君。信陵君仁德厚道、礼贤下士，对人无不以礼相待，各地名士都纷纷归附，出入门客三千多人，魏著名隐士侯嬴亦成为其座上客。因信陵君德高望重、门客如云，各国诸侯十多年间不敢觊觎魏国。

周赧王五十八年（前257年），秦军围攻赵都邯郸已达三年，赵国处境日危，邯郸之民炊骨易子而食。魏信陵君姊是赵相平原君夫人，多次致函魏王和信陵君，请求出兵救赵。魏王派将军晋鄙率师十万救赵，秦昭王闻知，遣使威胁魏王说，赵都不日可下，诸侯有敢救者，胜赵之后必先移兵进攻他。魏王畏惧，便令晋鄙屯军于邺（今河北临漳西南），观望战事发展。

信陵君及宾客、辩士多方劝说，魏王始终不听。信陵君听从隐士侯生（名嬴）的计策，恳请如姬代窃魏王兵符。如姬是魏王宠爱的姬妾，当初其父为人所杀，三年不能报仇，信陵君得知后，派门客杀死了其仇人，如姬衔恩感激，于是窃得兵符交给信陵君。信陵君至邺，矫称魏王之命替代晋鄙为将，晋鄙合兵符，心中怀疑，被信陵君随行力士朱亥相杀。信陵君下令：父子俱在军中者，父归；兄弟俱在军中者，兄归；独子无兄弟者，归养。此令一出，军心大受感动，皆愿为魏赴死。

信陵君乃选精兵八万，驰援邯郸，与楚、赵军队内外夹击，秦军大败，邯郸围解。

◎战国王命传龙节。通行凭证。节上端作龙首形。龙节用于使者奉楚王命远行，作为证件，所至之地，凡胜任一檐的随从人员，传舍需供给食宿。

小辞典 文化

《黄帝内经》

《黄帝内经》简称《内经》，是我国最早全面阐述中医学的名著，约出现于战国末期。《内经》包括《素问》和《灵枢》两大部分，各八十一篇，主要论述人体解剖、生理、脉学、病理、病因、疾病症状、诊断、治疗、预防及养生等方面的内容。

《素问》主要从阴阳五行观念来解释生理及病理现象，它将人的五脏六腑等生理器官视为依循阴阳五行构建的一个整体，认为这个整体一旦被破坏，就会产生疾病。这实际上是从人体的自然物质观念来阐明人体内部脏器的相互关系和矛盾运动。

《灵枢》则主要阐明针刺和灸的疗法，对经络、穴位、针灸理论、针刺用具、针刺方法、针灸的适应症、注意点和禁忌等均有详细的阐述。其中按针的不同使用有九种分类，称为“九针”。

《灵枢》中还有尸体解剖的记载，认为食管的长度与大肠、小肠长度的比例是1∶35.5，这与二十世纪初德国解剖学家斯巴特何辞所著《人体解剖学》中的测量比例——1∶37几乎相等。这表明我国两千多年前的人体解剖学已达到相当高的水平。

书中体现的整体观、物质观念、运动变化和预防医学思想等，具有朴素的唯物主义倾向和辩证观点，不仅在医学上，也在古代思想史上占有重要地位。

在纪元以前的年代里，人类社会形成了三个理论化的医学体系，即中国医学、印度医学、希腊医学。远古中国医学以《黄帝内经》为代表，是当时理论性最强、系统化程度最完整的医学体系。

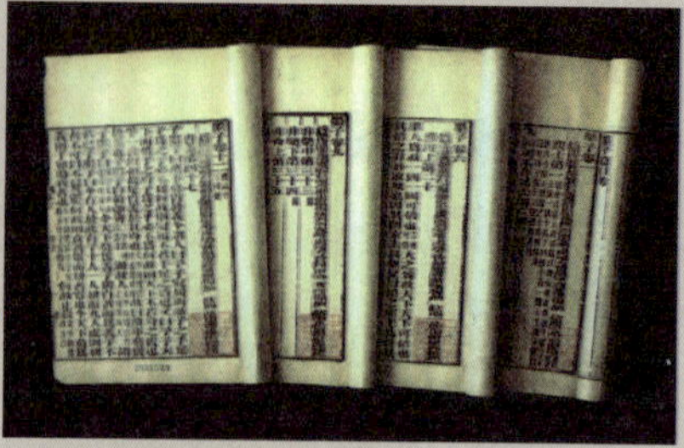

◎《黄帝内经素问》书影。明嘉靖年间赵府居敬堂刊本《黄帝内经素问》十二卷，遗篇一卷，原与《灵枢》合刻。这是传世的善本医书。

◎太一雷公像。出自清人绘《先医神像册》。《内经》的大部分篇章是以黄帝与岐伯问答的形式写成的，但也有少部分篇章（如《素问·著至教论》等）是以黄帝与雷公对话的形式写成的。雷公为黄帝之臣，也通医道。

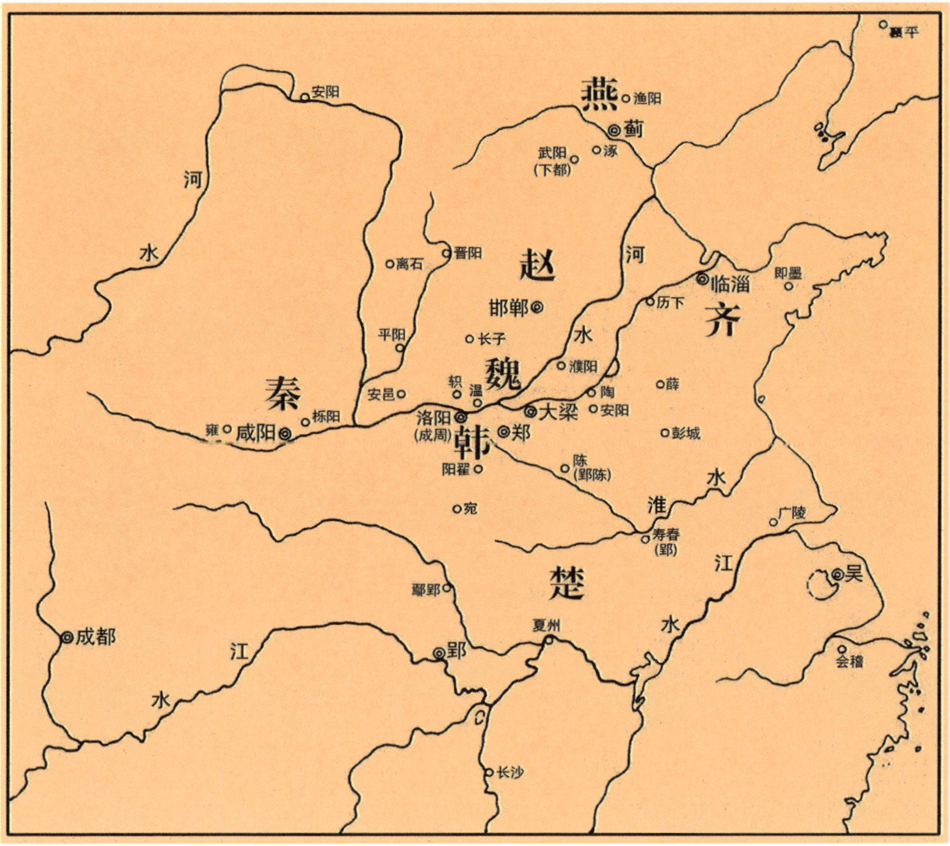

◎战国城市示意图

秦灭西周

周赧王五十九年、秦昭王五十一年（前256年），秦将摎攻取韩国阳城（今河南登封东南）、负黍（今登封西南）。二地近周，西周君惧怕祸及自己，背秦盟约，与诸侯合纵，率天下锐师出伊阙（今河南洛阳龙门）攻秦，切断秦与阳城间的通道。秦昭王怒，令将军摎攻西周。西周君入秦谢罪，尽献其三十六邑和三万臣民。昭王受献，遣返西周君。

同年，周赧王卒，西周臣民投奔东周。昭王于是在次年取周九鼎宝器，迁西周君于狐（今河南临汝西北），西周灭亡。

此后，东周虽存，但不再称王，史家以秦王纪年。

小辞典 人物

荀子

荀子，名况，字卿，亦称荀卿、孙卿，战国赵国人。生卒年不详。

据记载判断，荀子约在齐闵王末年到过齐，后离齐去楚。后荀子又至齐。时稷下先生田骈等已去世，荀子“最为老师”，三任稷下“祭酒”（稷下学宫首领）。秦昭王时，荀子曾赴秦，并见到昭王和范雎。秦昭王五十二年（前255年），楚相春申君以荀子为兰陵（今山东苍南）令。后因被谗于秦庄襄王三年（前247年）离楚赴赵，赵以荀子为上卿。居赵时，荀子曾遣书春申君，讥刺楚政。

秦王政九年（前238年），春申君死，荀子废居兰陵，居家著书，不久即谢世。荀子著书32篇，经西汉刘向编定为《荀子》一书。

荀子是战国时期继孟子之后的又一位儒家大师，他善于汲取诸子学派所长，发展和改造了儒家思想。不仅集儒学之大成，也集先秦诸子之大成。荀子的理论代表了中国历史上所存在的最高水平的理性，他关于学习、人的本质、理论哲学的论述与相关内容的现代论述相比唯一的区别就是他更合理、更明确。

荀子的道德学说代表了战国文明伦理学的最高水平。他将孔子的“礼”上升为规范天地万物、人生的根本法则，以之为法、道德的本体，这就将战国文明中伦理的概念上升为规范法律、政治的东西，进而他以礼区分人与动物，并且以欲望为人的本性（所谓“性恶”），制定出“礼”来达到社会公利。

◎《荀子》（元刊本）

◎荀子像。战国末年荀子是儒家礼乐派代表人物，儒家学说的集大成者。

李冰修都江堰·开盐井

秦昭王五十六年（前251年），蜀郡守李冰主持兴修了岷江上的大型引水枢纽工程——都江堰，都江堰也是现有世界上历史最长的无坝引水工程。

岷江水流湍急，夏秋季节水位骤升，给平原地区造成灾害。李冰通过实地考察，总结历代民众治水的经验，巧妙地因势利导，于今四川灌县西部，主持修建了都江堰水利工程。

都江堰水利工程主要由鱼嘴（分水工程）、飞沙堰（溢流排沙工程）和宝瓶口（引水工程）三大主体工程组成。鱼嘴建在江心洲顶端，把岷江分为内江和外江。内江为引水总干渠，由飞沙堰、人字堤和宝瓶口控制泥沙及对水量进行再调节。外江为岷江正道，以行洪为主，也由小鱼嘴分水至沙黑河供右岸灌区用水。都江堰在历代的完善、保护、维修管理中，历二千多年而不废，至今仍发挥着重要的作用。

都江堰之外，李冰还主持兴修了蜀地南安江、文井江、洛水等水利工程。李冰成功主持的一系列除水害、兴水利的工程，造福千秋万代。

李冰守巴蜀地，不仅兴修水利，还广开盐井。井盐是在有卤源的地方凿井取卤，或在天然咸水井中汲水煎煮而成。秦国的广都，包括今天四川仁寿、华阳、双流三县及新津、简阳县的一部分，盐产地则在旧籍县（籍田铺）、贵平（贵平寺）和陵井（仁寿县）之间。李冰主持开凿的盐井，主要在籍县一带。这一地区属龙泉山脉背斜轴，裸露出下部的白垩纪盐层，是最早开凿盐井且又保持至今的地方。

蜀地井盐自此广为使用，至今不衰。

◎宝瓶口。都江堰渠首由“鱼嘴”、“飞沙堰”和“宝瓶口”等主要设施组成。“宝瓶口”是内江进入灌溉区的咽喉，被开凿的岩石堆于内外江之间，称为“离堆”。

◎都江堰。位于四川灌县，约建于前251年。秦蜀郡守李冰主持。从此，川西平原“水旱从人，不知饥馑”，四川因而成为“天府之国”。

◎都江堰杩槎，用于挡水截流的木竹石构件。

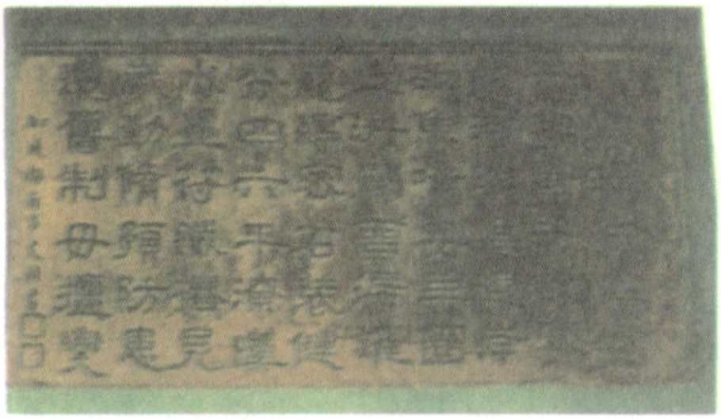

◎都江堰三字经

◎李冰石人水尺。水位测量水尺是水文观测的主要标志。

秦王政即位·吕不韦拜相

秦庄襄王子楚享位三年（前247年）卒，子政即位，时年十三岁，年少，委政于吕不韦，并尊称其为“仲父”。吕不韦从此大权独揽，权势遮天。

吕不韦担任秦国相国期间，对内励精图治，政治开化，奖励农耕，大力发展商业，对外开疆拓土，努力推进秦国的统一大业，为秦国做出了极大贡献。

由于秦国任人唯贤，秦国因此很快昌盛，国力大增，成为诸侯之最强。

◎吕不韦少府戈。钩击兵器。为秦王政五年（前242年）秦相国吕不韦所用。

◎吕不韦像

文化小辞典

《吕氏春秋》

秦庄襄王即位三年（前247年）去世，其子政继位，年仅十三岁，尊吕不韦为相国，号称“仲父”。当时魏有信陵君，楚有春申君，赵有平原君，齐有孟尝君，门下皆有大量宾客。吕不韦羞于以秦之强而不如人，于是也广招宾客达三千人，进而主持《吕氏春秋》的编纂。

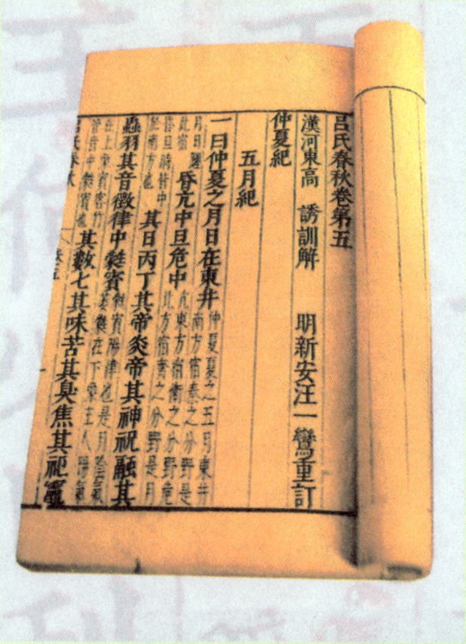

◎《吕氏春秋》书影

吕不韦先让其宾客“各自将他们的见闻写出来”，博采先秦诸子各家学说，在此基础上加以整理、编辑，于秦王政八年（前239年）成书。全书分十二纪、八览、六论，共161篇（今缺1篇），二十多万字。《吕氏春秋》因“兼儒墨，合名法”，自《汉书·艺文志》开始即被称为“杂家”。事实上，《吕氏春秋》是各家学说而并非简单抄录，并取其所需，融会贯通，思想上自成体系。书中提出的统治方法和国家建设蓝图，对秦汉政治颇具影响。

《吕氏春秋》内容宏富，吕不韦自认为“备天地万物古今之事”，书成之后，公布于咸阳市城门，并在上面悬赏千金，宣称：如果有诸侯游士宾客能增加或减少一个字，就将千金送给他。可见其书的严密和用语精当。

秦建郑国渠

秦王政元年（前246年），韩国面临秦的强大压力，欲使秦疲敝，消耗其国力人力，便派水工郑国赴秦，劝说秦修筑引泾水灌溉农田的大型水利工程。秦遂于此年委任郑国主持修郑国渠。

郑国渠以仲山引泾水到瓠口作为渠口，利用西北微高、东南略低的地形，沿北山南麓引水向东，从今大荔东南注入洛水，称为“郑国渠”。渠长300多里，灌田4万余顷。泾水肥效丰富，可使灌溉后的盐碱地亩产1钟（1钟即6石4斗，每斗当今2升），于是关中平原成为沃野。

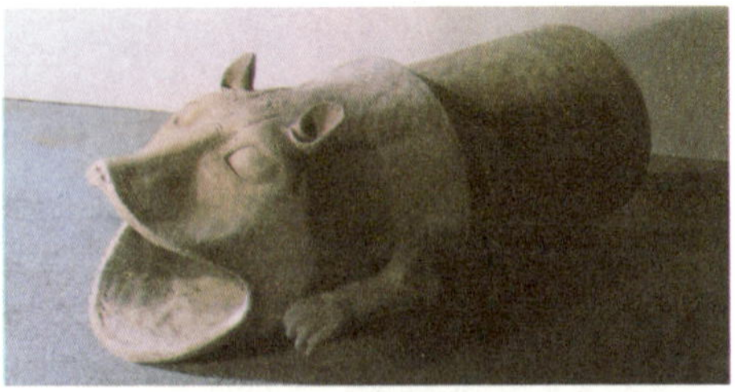

◎燕下都虎头形陶水道管口。此件为排水管道，其出水口呈虎头形，张口瞪目，双耳后竖，两足平伸，四爪着力。虎头形陶水道管口造型生动，手法夸张，巧用虎头张口形态，作排水管道口。

逸闻趣事

李斯谏逐客

◎李斯像

秦丞相吕不韦倒台后，秦国一些贵族、大臣请求秦王政将来自诸侯国的客卿统统逐出秦国。

秦王政于是下了一道逐客令：大小官员，凡不是秦国人，都必须离开秦国。

秦国当时的廷尉李斯，因是楚国人，也在被驱逐之列，于是立即上书秦王请求收回逐客令。

李斯奏道：“以前秦穆公因用了百里奚、蹇叔，当了霸主；秦孝公用了商鞅，变法图强；惠文王重用张仪，瓦解了六国联盟；昭襄王有了范雎，才提高了朝廷的威望。这四位君主，都是依靠诸侯国来的客卿建立了功业。现在到大王手里，却把外来的人才都撵走，这不是帮助敌国增加实力吗？”

秦王政觉得李斯说得有道理，连忙打发人把李斯从半路上找回来，恢复他的官职，还取消了逐客令。

秦王政用李斯当丞相后，采用他的策略，一面加强对各国的攻势，一面派人到列国游说诸侯，还用反间、收买等手段，配合武力进攻，一步步灭掉了六国。

◎郑国渠的引水渠遗址

小人物辞典

韩非子

韩非子，姓韩，名非，韩国贵族，喜欢钻研刑名法术之学。韩非与李斯曾一同师从荀子求学，李斯自认为比不上韩非。当时，秦国日益强盛，六国日渐衰微。韩非见韩贫弱，屡次上书韩王，希望韩王变法图强。韩王不予采用，韩非于是作《孤愤》、《五蠹》、《内外储》、《说林》、《说难》等文章，计十余万字，畅论治国当修明法制，去邪妄之臣，用贤明之士，才能富国强兵。

◎韩非像。韩非创“法、术、势”并重的统治理论，对于秦汉封建专制主义中央集权制度的形成、发展具有重大影响。

韩非的著作流传至秦，秦王政读后大为感慨：我如果能够见到这个人并与他一起畅游，就死无怨言了。李斯告诉秦王，这是自己的同学韩非之作，于是秦王发兵攻韩，求韩非。韩王遂派韩非出使秦国。

秦王政十四年（前233年），韩非来到秦国，秦王政极为欣赏，但韩非口吃，善著书而不善言谈，又劝秦王先伐赵而缓伐韩。秦王终未信用韩非。李斯、姚贾因嫉妒而乘机进谗言诋毁韩非，说韩非本是韩国公子，终究为韩不为秦，如果秦王不用而放他回韩国，将给秦国留下祸患，不如杀掉他。秦王便将韩非下狱论罪。李斯派人送毒药给韩非，逼其自杀。韩非面见秦王而不能，又遭陷害，不得不饮恨服毒身亡。

韩非是先秦法家思想的集大成者，糅合商鞅的“法”治、申不害的“术”治、慎到的“势”治，创立了“法、术、势”三者合一的封建专制主义中央集权理论。韩非这套“法、术、势”并重的统治理论，对于秦汉封建专制主义中央集权制度的形成、发展具有重大影响。韩非子及其思想，在中国法制史、思想史和哲学史等方面都具有极其重要的地位。

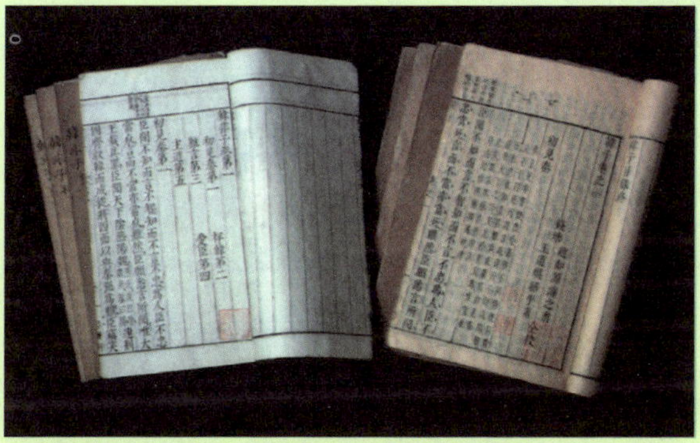

◎《韩非子》书影。系统提出重农抑商理论的是商鞅和韩非，他们的主张被秦国定为国策。

秦灭韩

战国时期的韩国，是与赵、魏共同瓜分晋国建立的。开国君主韩景侯（名虔）是春秋晋国大夫韩武子后代，周威烈王二十三年（前403年）被周威烈王承认为诸侯。韩原建都阳翟（今河南禹县），后韩哀侯灭郑国，迁都新郑（今河南新郑）。

秦王政十三年（前234年），秦攻韩，韩派韩非出使秦国。韩非入秦后遇害。秦王政十六年、韩王安八年（前231年），韩王将南阳地献给秦国。韩国的委曲求全不能换来秦王的怜悯。

◎战国钺形戟。钩刺兵器。戈钺合体。以戈钺合体者殊为少见。

◎战国异制戟。钩刺兵器。此戟形制较特殊，援作弯勾状，上、下有窄刃，中部有脊，援后延伸向内。

秦王政十七年、韩王安九年（前230年），秦派内史腾攻韩，俘虏韩王安，占领了韩国的全部土地，韩国灭亡。在秦统一的进程中，韩是最先被灭掉的东方大国。

秦灭韩国的胜利为秦迅速向东方扩展开辟了道路。

秦灭赵

秦庄襄王三年（前247年），秦攻取赵国晋阳。庄襄王死后，晋阳反叛。

秦王政元年（前246年），将军蒙骜再度平定晋阳。之后，连续攻取赵多座城池。赵派将军李牧在肥（今河北石家庄东南）迎战，秦军败退。

秦王政十五年（前232年），秦发兵攻赵，取狼孟，攻番吾，李牧率军将其击退。

秦王政十八年（前229年），秦大举攻赵，王翦率上党兵，攻下井陉，并包围邯郸，赵派大将军李牧、将军

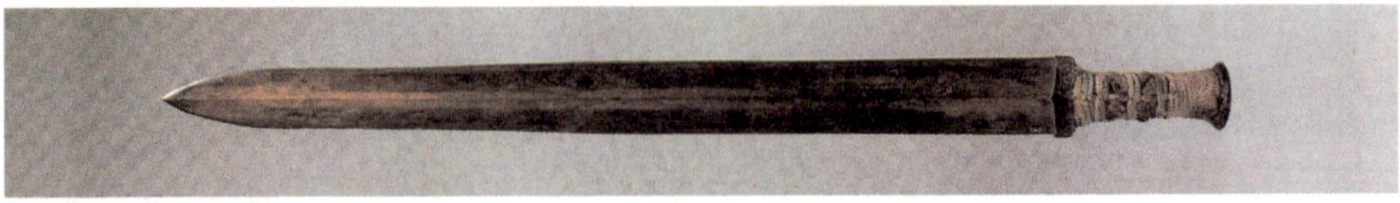

◎战国镶嵌缠缑剑。兵器。宽镡，剑首喇叭状，有格。格内两面饰兽面纹并嵌松石。剑首内饰同心圆纹。剑茎上缠有白绿缑。战国青铜剑出土甚多，保存缠缑者却极为少见。

◎赵国兵器刻辞

司马尚抵御。秦用离间计，使赵王诛杀李牧，免去司马尚，以赵葱、颜聚取代领兵。

次年（前228年），王翦大破赵军，攻克邯郸，俘赵王迁，赵国亡。赵公子嘉率宗族数百人，逃到代，自立为代王，与燕合兵攻秦。二十五年（前222年），秦将王贲灭燕，攻代，将代王嘉俘获。代也灭亡。

◎战国相邦萧戈

逸闻趣事

荆轲刺秦王

荆轲，卫人，好读书击剑。曾游说卫元君，未获信用；又游历榆次、邯郸，最后来到燕国，结识了燕太子丹。

太子丹与荆轲一见如故，纵论天下大势。太子丹认为只能选派天下之勇士出使秦国，最好生擒秦王，逼其交还诸侯所失国土，犹如当年曹沫逼迫齐桓公归还鲁国领土一样；如果不行，就杀秦王，使秦国内外相乱，君臣相疑，诸侯借机合纵，则有望击败秦国。太子丹再三请求荆轲担当重任，荆轲慨然应允。

于是太子丹尊荆轲为上卿，车骑美女无不满足荆轲的欲望。荆轲提出，为使秦王深信不疑，需要秦将樊於期之首和燕国督亢（今河北涿县、易县、固安一带）地图献给秦王。樊於期因率秦军对赵国作战兵败，不敢回秦，逃奔至燕，为太子丹宾客。秦王对其恨之入骨，诛杀其父母宗族子弟，还悬赏“金千斤，邑万家”取樊於期首级。太子丹因樊於期穷困时来投奔自己，不忍启齿。荆轲于是私见樊於期，说明借他之首既可解燕国之患，又可替他报私仇，樊於

◎汉画像石荆轲刺秦王图

期随即自刭，太子丹伏尸痛哭，然后用木盒封好其首级，交付荆轲，又征求到天下最锐利的匕首，淬上毒药以行刺秦王。

燕王喜二十八年（前227年），燕太子丹送荆轲踏上刺杀秦王的征途。荆轲出发时，太子及宾客都白衣白冕至易水边为他饯行，高渐离击筑，荆轲慷慨而歌："风萧萧兮易水寒，壮士一去不复还！"唱完即毅然上车离去。

到了秦国，荆轲买通秦王宠臣中庶子蒙嘉，秦王在咸阳宫召见荆轲，荆轲献地图，展开地图时，卷在里面的匕首露了出来，荆轲左手抓住秦王衣袖，右手持匕首刺去。秦王惊恐万分，扯断衣袖退却，因剑长而惶恐之中未能拔出，绕殿柱而跑，荆轲紧追不舍，群臣惊慌失措。秦王绕柱奔逃，将长剑移至背后，拔出剑来击刺荆轲，断其左腿。荆轲负伤，掷出匕首，未能击中秦王。秦王又击中荆轲八剑，荆轲倚柱而笑，大骂秦王，后被杀。

秦始皇统一天下后，高渐离借击筑之机，扑击秦始皇，也失败被杀。秦始皇因此"终生不再接近诸侯各国的人"。

◎汉画像砖刺客图

秦灭燕

秦王政二十年、燕王喜二十八年（前227年），燕太子丹派遣荆轲刺杀秦王失败。

秦王震怒，发兵增援原已屯军中山待命攻燕的秦军，令王翦、辛胜为将，大举伐燕。燕军与代王嘉的部队联合抗秦，在易水以西被击败。次年，秦王又发兵增援王翦军。王翦一鼓作气，再次击败燕军，攻克燕国都城蓟（今北京），燕王率兵徙居辽东，献太子丹之首。

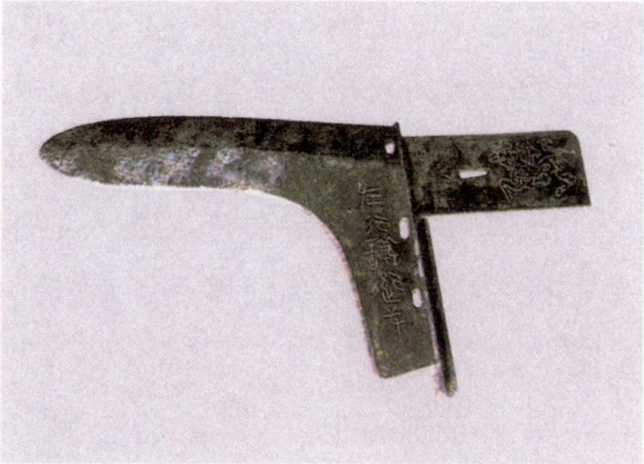

◎战国燕王职戈。胡上有铭文六字，记此戈系燕王职所作，为其御司所用。

◎战国左行议率戈。钩击兵器。长方内，中有扁方形穿。内上饰马纹，作垂头腾跃式，尾上翘，身饰云纹。胡部有铭文“左行议率戈”五字。河北易县燕下都遗址出土。

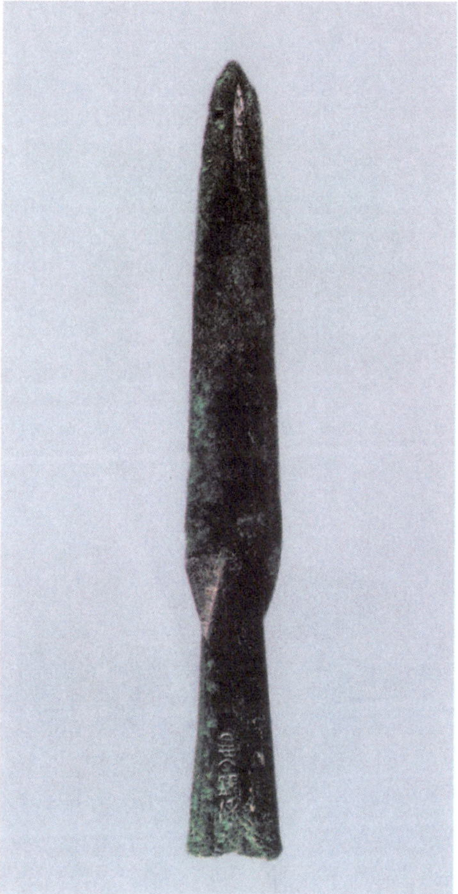

◎燕王喜矛。战国时最后一位燕王喜自用兵器。

秦王政二十五年（前222年），秦派王贲为将，率兵攻燕辽东，俘燕王喜，燕灭。

秦灭楚

秦王政元年（前246年），楚与诸侯联合攻秦未果，退兵。楚东迁都城至寿春，称郢。二十一年（前226年），秦已灭韩、赵并破燕，命王贲率军队攻楚，攻战十余城后，秦王想一举灭楚，命李信、蒙恬率兵20万攻楚。李信率兵攻平舆，蒙恬攻寝，大破楚军。李信又攻破鄢郢。两军在城父（安徽亳县东南）会合，楚人追秦军三日三夜，大破李信军，杀死七个都尉，秦军败退。

秦王亲赴频阳，请老将王翦出征。王翦请出兵六十万，秦王慨然应允。王翦出兵，秦王送至灞上。临出发时，王翦向秦王请求赐封良田、宅第园池等多处；即将出关时，又五次派人请求封赐。有人认为这样谋求高官厚禄太过分，王翦却道："秦王多疑，现在以举国之兵委任于我，应当请美田以为子孙后代基业。"

随即率兵出关，楚人得知秦兵到来，用国中强兵抵御，王翦坚持不肯战，无论楚兵如何挑衅，都拒不出兵。同时命令兵卒休息，每天饮以美酒，食以佳肴。

当等到认为士卒可用时，王翦才出兵与楚军交战，而楚由于搦战多日不见秦军迎战，早已斗志大减，于是向东撤退。

王翦趁机率军追击，大破楚军，追至蕲南，杀楚将军项燕，楚兵败退。

秦乘胜追击，夺取楚城邑，一年后，掳获楚王负刍，改楚地为郡县，楚亡。

◎楚国孱陵矛。击刺兵器。銎口扁圆，刃部呈叶状，两脊凸起，血槽宽大。銎上有阴刻铭文"孱陵"两字。"孱陵"为地名，属楚国地域。

◎战国楚王熊肯鼎。口沿外壁有铭文十二字，记楚王酓（熊）肯作器。

◎战国大府镐。口沿外壁有铭文九字，记器为大府所造。为楚幽王用器。

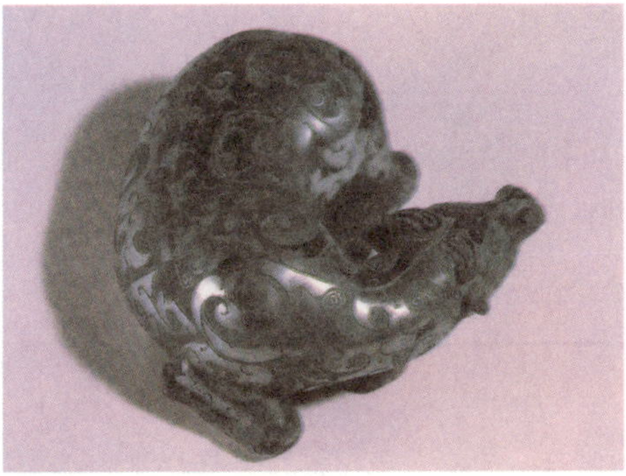
◎战国大卧牛。腹下有铭文“大之器”四字。为楚王太府宝器。

秦灭魏

秦王政三年（前244年），将军蒙骜攻魏。五年（前242年），攻战酸枣、燕、虚、正平、雍丘等二十余城。

九年（前238年），秦将杨端和伐魏，攻取衍氏。

十六年（前231年），魏妥协，献地于秦。

二十二年（前225年），秦将王贲攻魏，引河水灌魏都大梁，大梁城坏，魏王投降，秦灭魏。

◎秦镶嵌云纹弩机。远射兵器构件。弩机由牙（上有望山）、牛（钩心）、悬刀（扳机）、拴塞及廓组成。悬刀一侧有篆体铭文十一字，记作弩于秦王政廿三年（前224年）。

◎魏国安邑下官钟。量器。圆壶形，敛颈，鼓腹，圈足。盖上置三环钮，腹部两侧有铺首衔环耳。盖饰云纹。自肩至腹饰四道横带纹，带上镶嵌松石。腹部有铭文27字，自名为钟，并记造器年代、官吏及容量。颈部刻一横线，有“至此”两字，系测量标记。口沿另有五字，记容积，字体与腹部铭文不同，为秦人字体。此系魏国器，后落入秦人之手。

秦灭齐

秦军所向披靡，相继灭掉韩、赵、魏等国。齐国远离秦国，在秦军大肆吞并诸侯国时，独居齐地一隅，对秦不作防备。秦灭五国后，齐王才感到秦国的威胁，匆忙集结军队驻守西部边境防范秦军。

秦王政二十六年（前221年），秦以齐拒绝秦使者访齐为由，命大将王贲灭燕之后率军南下攻齐。秦军避开齐军西部主力，由燕国南部南下，一路势如破竹，几无遇抵抗，大军直抵齐都临淄（今山东淄博北）。

本年（前221年），蒙恬亦率军攻打齐国，大败齐军。

齐军措手不及，齐王田建悔不当初，只好听从后胜的建议，不战而降。至此，齐灭。

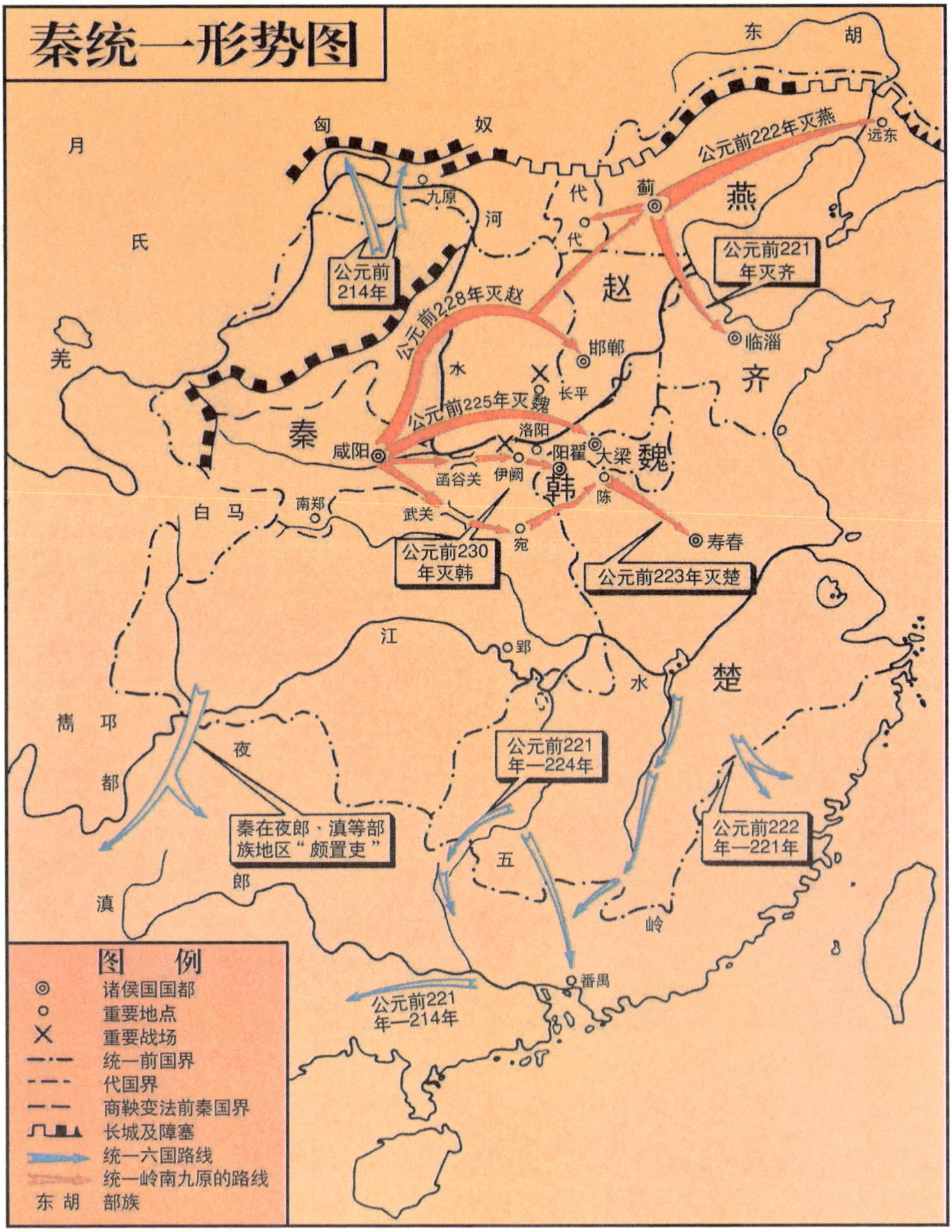

◎秦统一形势图

◎山东临淄齐故城遗址

◎睡虎地云梦秦简

文化小辞典

秦国政法制度的记录——睡虎地秦简文书

1975年12月，在湖北云梦城关西部的睡虎地秦墓中发掘出竹简1100余支。竹简是用细绳分上、中、下3道顺序编组成册。由于编缀绳索已朽，竹简顺序多已散乱，但竹简绝大部分保存完好。简文为墨书秦隶，字迹大部分清晰可辨。其内容可分为:《编年纪》、《语书》、《秦律十八种》、《效律》、《秦律杂抄》、《法律答问》、《封诊式》、《为吏之道》及《日书》甲、乙种。

《编年纪》是一篇按年代编写的大事记，起于秦昭王元年（前306年），止于秦始皇三十年（前217年）。

除《编年纪》和《日书》两种外，秦简其余内容都是关于秦国政法的，墓主人喜生于秦昭王四十五年（前262年），在秦始皇时担任安陆御史、安陆令史、鄢令史及鄢的狱吏等与司法有关的职务，这座墓以大批法律、文书殉葬，正是墓主生平经历的反映。它们涉及秦国政治、经济、文化、军事等各个方面。

◎云梦睡虎地出土漆耳杯。汉耳杯，亦称“羽觞”，饮酒器，外壁及双耳髹黑漆，上绘朱红图案，杯内髹红漆。全器设计合理，结构严谨，做工精细。

秦律是汉代九律的基础，但已基本不存。秦简保存了秦律的很多内容，对于理解中国政法史的发展有着十分重要的价值。秦国政法制度合为一体，这一方面属于行政与司法不分的范畴，另一方面也显示出秦国行政制度的法律化，南郡郡守滕在告所属官员的《语书》中特别强调以法律为行政的基础和准则，《秦律十八种》、《效律》、《秦律杂抄》涉及到农牧林业管理，商业流通控制、徭役、工程、军事及人事制度等政治、经济各个方面，将行政管理法律化。

◎云梦睡虎地楚墓出土彩漆扁壶。壶腹上绘飞鸟及奔马，给人以一种飞驰的运动美。

秦国法律以苛、繁闻名，秦简中的秦律尽管不能代表秦律的全部，也不能说是真正的民法，但它表明秦律非常细致、丰富，而且，秦国的行政制度的高度法律化，从行政管理的角度充分展示了战国至秦代社会生活的各种形态。

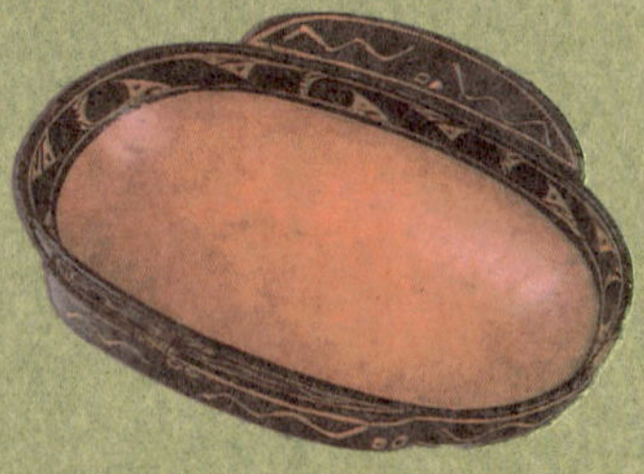

◎云梦睡虎地楚墓出土双耳长盒。盒外髹黑漆，绘红漆纹样。